Alexa Kriele

Von Naturgeistern lernen

Die Botschaften von Elfen, Feen
und anderen guten Geistern

Ullstein

Besuchen Sie uns im Internet:
www.ullstein-taschenbuch.de

Allegria im Ullstein Taschenbuch
Herausgegeben von Michael Görden

Umwelthinweis:
Dieses Buch wurde auf chlor- und säurefreiem Papier gedruckt.

Ullstein Taschenbuch ist ein Verlag
der Ullstein Buchverlage GmbH, Berlin.
Neuausgabe
1. Auflage November 2008

Umschlaggestaltung: FranklDesign, München
Titelabbildung: bridgeman
Druck und Bindearbeiten: GGP Media GmbH, Pößneck
Printed in Germany
ISBN 978-3-548-74334-9

Inhalt

Die Geisterwelt ist nicht verschlossen;
Dein Sinn ist zu, dein Herz ist tot!
Auf bade, Schüler, unverdrossen
die ird'sche Brust im Morgenrot!

Goethe

Dem Aufmerksamen ist die Natur
nirgends tot noch stumm.

Goethe

Vorwort

I.

Die Volksmärchen, Sagen und Mythen aller Völker und Zeiten erzählen von Elfen und Feen, Zwergen und Riesen, Nixen und Undinen, Kobolden und Gnomen und vielen anderen Naturgeistern. Auch in Liedern und Gedichten, in Malerei und Skulptur, in Dramen von den griechischen Tragödiendichtern über Shakespeare und Goethe bis zur Gegenwart agieren Naturgeister in vielerlei Gestalt. Die großen Meisterwerke der Kunst und Literatur zeigen uns eine zweite Realität hinter der äußerlich sichtbaren Realität.

Gibt es sie wirklich oder handelt es sich um fantasievolle Erfindungen? Die Antwort dieses Buches ist: Es gibt zwar die Naturgeister tatsächlich; wir kennen sie aber nur in fantasievollen Ausgestaltungen. Es ist deshalb ein Akt der Aufklärung, sie so darzustellen, wie sie wirklich sind.

Diese Antwort muss denen befremdlich erscheinen, die meinen, unverkörperte Geistwesen könne es gar nicht geben, weil sie ja kein materielles Gehirn haben. Das Gehirn sei nämlich nicht etwa ein Instrument, mittels dessen Geist in die materielle Welt transformiert wird. Vielmehr bringe die Materie mittels des Gehirns auf wundersame Weise Geist hervor. »Kein Geist ohne Gehirn« ist das Dogma des weltanschaulichen Materialismus.

Auf der Grundlage dieser Theorie kann es natürlich Naturgeister so wenig geben wie Engel, wie ein Fortleben der Seele nach dem Sterben, wie den auferstandenen Christus und – wenn man konsequent ist – wie Gott, es sei denn, es lässt sich irgendwo im Weltall sein materielles Gehirn entdecken. Nun gibt es aber viele Menschen, die konkrete Erfahrungen mit Naturgeistern haben. Ebenso haben viele Menschen Begegnungen mit Engeln, mit Heiligen, mit der Mutter Maria erlebt, und noch viel mehr wissen aus Gebet und Kontemplation, dass sie auf die reale Gegenwart des Vaters, des Sohnes und des Heiligen Geistes vertrauen dürfen.

Da stellt sich die Frage: Was hat Vorrang – die lebendige Erfahrung oder die Theorie des weltanschaulichen Materialismus? Wer sich in der Geschichte der Religion, der Philosophie und der Wissenschaften ein wenig auskennt, weiß: Erfahrungen weichen nicht der Theorie. Mag diese noch so herrisch und unduldsam auftreten – auf längere Sicht bricht sich die Theorie an der Erfahrung.

II.

Mit den Namen der Naturgeister verbinden sich viele fantasievolle Geschichten teils mythischer, teils dichterischer Art. Vielerlei Wünsche und Hoffnungen, manchmal auch Ängste werden auf die Naturgeister projiziert, als wären sie Zauberer, die Zeit und Raum überbrücken, die Materie verwandeln, das Schicksal beeinflussen, Gutes belohnen, Böses bestrafen könnten. Demgegenüber werden die Darstellungen dieses Buches zunächst ernüchternd wirken. Man wird aber bald entdecken, dass das tatsächliche Sein und Tun der Naturgeister noch viel anrührender und eindrucksvoller auf uns wirkt als das der fabulösen Zauberwesen. Es wird dann auch deutlich werden, worin die reale Grundlage der märchenhaften Assoziation jeweils besteht, warum also dem einen diese, dem anderen jene Fähigkeit zugeschrieben wird.

In der Darstellung verschiedener Arten oder Familien von Naturgeistern ist keine Vollständigkeit erreichbar. Es werden uns hauptsächlich diejenigen vorgestellt, die uns aus Märchen, Mythen und Dichtungen vertraut sind, aber auch einige weitere, die nur wenig oder gar nicht bekannt sind, die aber für unser Leben besonders bedeutungsvoll werden können. Das gilt vor allem für die »Himmlischen Irdischen«, die die Nacht, und für die »Kleinen Brüder Jesu«, die den Tag hüten, für die »Fünkchen«, die die Inspirationen, und die »Lichtgeister«, die die großen geschichtlich bedeutsamen Initiationen begleiten, und nicht zuletzt für die »Hüter des Regenbogens« oder »Alumnen«, die unserem Leben eine ganz neue, lichtvolle Wendung zu geben vermögen.

III.

Wir begegnen den Naturgeistern nicht nur in altdeutschen, sondern auch in nordischen, keltischen, griechisch-römischen, arabischen, altägyptischen, persischen, russischen, indischen, chinesischen, afrikanischen und indianischen Erzählungen. Viele handeln von den auch uns vertrauten Naturgeistern unter anderen Namen. In diesem Buch werden die Namen der Naturgeister verwendet, die im deutschen Sprachraum üblich sind, auch wenn sie fremder, vor allem griechischer Herkunft sind.

In vielen Überlieferungen finden sich aber häufig auch Verwechslungen. Z.B. werden Engel, und zwar häufig auch gefallene, dunkle oder graue Wesen, irrtümlich als Naturgeister aufgefasst. Daraus erklärt sich, dass sich mit dem Begriff der Naturgeister mitunter unheimliche Assoziationen von Dämonen, Besessenheit, Albträumen oder üblen Hexereien verknüpfen. Dieser Effekt verstärkt sich noch, wenn man sowohl in Engeln als auch in Naturgeistern Götter oder Halbgötter sieht und ihnen ein machtvolles Eingreifen in das menschliche Leben zum Guten oder Schlimmen zuschreibt.

Wer sich mit uns der Realität der Naturgeister annähern möchte, kann das aber in dem Wissen tun, dass kein Grund zu irgendwelchen Ängsten besteht: Es gibt keine übermächtigen und es gibt keine bösen Naturgeister. Einige sind zwar vorübergehend verführbar, und zwar weil sie den Menschen vertrauen und sie nachahmen. Aber sie lassen sich dann auch korrigieren. Sie haben ein »goldenes Herz«, d.h. sie sind auf das Gute und Lichte ausgerichtet und meistens voller Hilfsbereitschaft.

Es wäre eine sinnvolle Aufgabe, in das Durcheinander z.T. abwegiger Vorstellungen Licht und Klarheit zu bringen und unter diesem Aspekt die Geschichte der Religionen, Mythen, Märchen und der Dichtkunst aufzuarbeiten. Das ist aber eine wissenschaftliche Aufgabe für Literaturhistoriker, Volkskundler und Religionswissenschaftler. In unseren Büchern geht es um die Darstellung der Realität der Engel und jetzt auch der Naturgeister. Auf der Grundlage der Realität lässt sich dann klären, welche Verwechslungen oder Vermengungen zu welchen fantasievollen Vorstellungen geführt haben, welche historischen Einflüsse wodurch bedingt waren und so fort. Das alles bleibt der Zukunft überlassen, hier kann nur die Basis gelegt werden.

IV.

In dem vierbändigen Grundlagenwerk *Wie im Himmel so auf Erden* wurde uns einiges über die Naturgeister schon gelehrt, vor allem über das Leben der Wichtel, die dem Menschen besonders nahe stehen. Auch in dem Band *Naturgeister erzählen* finden sich nicht nur anrührende, humorige und fantasievolle Geschichten, sondern auch manche sachliche Informationen. So weit das zur Ergänzung, Erläuterung, Vertiefung oder Veranschaulichung nützlich ist, wird an den entsprechenden Stellen auf diese Darlegungen verwiesen.

Ein Thema, das in diesem Buch nicht erörtert wird, betrifft die Naturgeister der höheren Stufen. Es sei nur kurz darauf hingewiesen, dass es auch im Bereich der Naturgeister eine Hierarchie gibt – ähnlich der der Engel (s. Alexa Kriele:

Wie im Himmel so auf Erden, Bd. I S. 37). Darüber wurde aber in dem Grundlagenwerk *Wie im Himmel so auf Erden* schon das Wichtigste gesagt. Mit allen Vorbehalten, die sich aus der Verschiedenartigkeit von Engeln und Naturgeistern ergeben, lassen sich folgende Entsprechungen festhalten:

a) Den Engeln entsprechen die Naturgeister, die die uns umgebende Natur beleben,
b) den Erzengeln ihre Könige (s. *Wie im Himmel so auf Erden,* Bd. I S. 186–193),
c) den Archai die Elementargeister (s. Bd. I S. 240–254),
d) den Exusiai die Hüter der Tiere (s. Bd. II S. 232–245), den Elohim derselben Stufe die Hüter der Pflanzen (s. Bd. II S. 150–160),
e) den Dynameis die »Heiligen Tiere« (s. Bd. II S. 265–278),
f) den Kyriotetes das Königspaar von Raum und Zeit (s. Bd. III S. 202–218).

Entsprechungen zu den Engeln der obersten Triade (Throne, Cherubim, Seraphim) kann es nicht geben, weil diese ja ganz der himmlischen Trinität zugewandt sind, während die Naturgeister zwar auch an die Trinität angebunden, in ihrem Wirken aber ganz auf die Natur ausgerichtet sind.

In diesem Buch geht es um innigere Vertrautheit mit den Naturgeistern der untersten Stufe, die uns auf Erden unmittelbar begegnen und mit denen wir in lebendige Beziehungen treten können.

Alexa und Martin Kriele

Einleitung

1. Warum die Beschäftigung mit den Naturgeistern?

Der Hohelehrer: Nach den Engel-Büchern sind jetzt mal wieder die Naturgeister an der Reihe, damit das Gleichgewicht zwischen Himmel und Erde gewahrt bleibt!

Wir haben in den vier Bänden des Grundlagenwerks Wie im Himmel so auf Erden *das Wichtigste über die Naturgeister schon gelernt, und in dem Band* Naturgeister erzählen *haben sie uns mit ihrem Witz und Humor entzückt und mit ihrer Frömmigkeit tief berührt. Warum genügt das nicht?*

Weil es nicht nur um das Betrachten und Verstehen geht, sondern um innige Vertrautheit, um Begeisterung, Liebe und Freundschaft. Ihr werdet am Ende dieses Buches an den Freuden und Leiden der Natur, an ihrem Sehnen und Hoffen geschwisterlich teilhaben. Damit gewinnt ihr einen ganz neuen Zugang zur himmlischen Mutter, und auf diesem Weg dann auch zum Vater und zum Sohn Jesus Christus, dessen Wirken auf die Heimführung der gesamten Schöpfung gerichtet ist. Ihr werdet dann noch kraftvollere Mitarbeiter an seinem Erlösungswerk sein.

Die Natur lässt sich aus eurer großen Kunst – aus Malerei, Erzählungen, Liedern und Gedichten – nicht wegdenken. Sie spricht euer Gemüt an, sie berührt euer Herz. Sie kann euch so stark nur »ansprechen«, weil sie tatsächlich spricht. Denn sie ist durch und durch von Naturgeistern beseelt. Der Name »Natur*geister*« ist mit Bedacht gewählt: sie vertreten den Geist in der Natur.

Könnte die Natur ohne Naturgeister überhaupt bestehen?

Ja, das schon. Als ein Teil der Schöpfung aus dem paradiesischen Zustand in die Materie gefallen ist – als Folge des »Falls der Engel« –, war sie zunächst ohne Erinnerung an die paradiesischen Urbilder, ohne eine Ahnung von ihrem göttlichen Ursprung, ohne Ziel, ohne ein Unterwegssein. Ohne die Hinzufügung der Naturgeister wäre die Natur also ein tief in die Materie gefallenes Stück Paradies, das sich seiner Herkunft nicht bewusst wäre und sich in einem trostlosen Zustand völliger Hoffnungslosigkeit befände, verloren, sinnlos, ziellos, ordnungslos vor sich hin vegetierend. Ihr Leben wäre ohne »Lebendigkeit«, d.h. ohne Schönheit, ohne Freude, ohne Poesie, ohne die Leuchtkraft ihrer Farben, ohne jeden Enthusiasmus, ohne die Fähigkeit, zu lehren und zu inspirieren. Eure Beziehung zu ihr wäre ausschließlich das der Nutzung und Ausbeutung. Im Übrigen hättet ihr nichts von ihr, sie ginge euch nichts an. Tatsächlich aber erlebt ihr die Natur als etwas, das euch in vielfältiger Weise »anspricht«, anrührt, entzückt, begeistert, manchmal auch erschreckt. Ihr könnt sie lieben, sie besingen, mit ihr mitfühlen.

Zunächst hat der Vater ernstlich erwogen, die ganze Schöpfung zurückzunehmen. Die himmlische Mutter hat ihn davon abgebracht. Sie hat ihm versprochen, dass die Schöpfung wieder heimkehren und dass am Ende alles gut werden wird – mit Hilfe des Sohnes, der nicht gefallenen Engel und der Menschen.[1] Und sie fügte der Natur die Naturgeister hinzu, damit die in die Materie gefallene Schöpfung nicht verlassen ist. Die Naturgeister durchdringen die Natur mit vielen Milliarden Funken des Geistes. Damit erhalten sie ihr einen Rest des Paradieses, eine Ahnung, ein dämmerndes Bewusstsein von ihren Urbildern und die Hoffnung, am Ende der Zeiten zum Vater heimzukehren.

1 siehe Alexa Kriele: *Die Engel geben Antwort auf Fragen nach dem Sinn des Lebens,* S. 36–38.

Kann man sagen, die Naturgeister sind Geschöpfe der Mutter?

Sie sind durch die Hände der Mutter aus dem Paradies auf die Erde gelangt: in einem Akt mitschöpferischen oder nachschöpferischen Wirkens, der in der Genesis nicht ausdrücklich geschildert wird, der aber als ein zweiter Schöpfungsbericht hinzuzudenken ist. (Der im 1. Buch Mose enthaltene zweite Schöpfungsbericht erzählt etwas anderes: Er enthält eine von den damaligen Weltvorstellungen geprägte menschliche Deutung des Ursprung-Geschehens.)

Den Bericht von der Schöpfung der Naturgeister könnt ihr euch von der Struktur her wie ein Echo auf den Ersten Schöpfungsbericht vorstellen, der die Schöpfung auf sieben Tage verteilt: Die Mutter erbat sieben Nächte lang verschiedene Urbilder von Naturgeistern, die diesen und jenen Schatz hüten, und sie sah, dass es gut war. Wenn ihr das hinzunehmt, habt ihr 14 Tage und Nächte der Schöpfung (wie es 14 Stufen des Passionsweges gibt).

Warum weiß man davon nichts?

Weil es dem Wesen der Mutter entspricht, im Schweigen zu wirken. Sie ist die große Schweigende, deshalb wird auch so viel von ihr geschwiegen. Sie gehört aber zur göttlichen Trinität.[2]

Die Natur kann mit dem Menschen nur deshalb und nur insoweit in Kommunikation treten, als sie von Geist beseelt ist. Ihr lernt z.B. die Mimik, die Gestik, die Laute eines Tieres zu verstehen und ebenso, ihm euren Willen mitzuteilen und ihm verständlich zu machen. Ihr tretet mit ihm in Dialoge ein. Ihr erlebt sogar manchmal, dass das Verhalten eines Tieres einen gewissen Humor durchscheinen lässt. Kein Tier könnte mit euch in Kommunikation treten, wenn es nicht

[2] siehe Alexa Kriele: *Wie im Himmel so auf Erden,* Bd. I S. 163–165, 168–171, Bd. II S. 54–58.

von einem Naturgeist beseelt wäre. Ihr könnt ja sogar mit Pflanzen ins Gespräch kommen, z. B. bei einem Baum Trost und Zuspruch suchen. Der Baum als materielles Gebilde könnte darauf nicht reagieren. Die in ihm wohnende Baumfrau kann es – und durch sie der Baum.

Der Mensch steht vor den großen Fragen: Wer bin ich? Woher komme ich? Wohin gehe ich? Was darf ich hoffen? Tiere und Pflanzen stehen auch vor diesen Fragen – durch die Naturgeister, nicht aus sich heraus.

Selbst über diese Fragen könnt ihr mit ihnen ins Gespräch kommen – wenn auch in abgestufter Differenziertheit. Weil die Natur mit Geistigkeit durchwoben ist, ist es stimmig, Tiere und Pflanzen verstehen zu wollen, ihnen mit Respekt zu begegnen, partnerschaftlich und verantwortungsvoll mit ihnen umzugehen.

Man könnte einwenden, unsere Fähigkeit zur Kommunikation mit Tieren und Pflanzen beruhe auf unserer biologischen Verwandtschaft, wir stammten evolutionsgeschichtlich von gemeinsamen Vorfahren ab.

Eine biologische Verwandtschaft besteht in der Tat, und die Evolutionslehre ist – trotz mancher Fehler im Einzelnen – im Prinzip berechtigt.

Zwischenfrage: Welcher Fehler zum Beispiel?

Ein Fehler ist zum Beispiel die Annahme, der Mensch sei ein etwas klügerer Affe und habe keinen Grund, sich darüber hinaus als etwas Besonderes zu dünken. Der Mensch unterscheidet sich vom Tier dadurch, dass der Vater jede einzelne Seele individuell, die Tiere hingegen in den Urbildern ihrer Arten geschaffen hat. Beide – Menschenseelen und Tierarten – konnten sich aber erst inkarnieren, als die biologische Evolution ihnen die leibliche Möglichkeit bereitgestellt hat. Sie hatten Milliarden von Jahren zu warten, was euch nicht erschrecken sollte, denn eure Zeitvorstellungen haben »drüben« keine Gültigkeit. Die Anhänger der materialistischen Weltanschauung kennen diese geistige Ebene nicht. Erst auf ihr aber wird die Verwandtschaft aller Lebewesen stimmig und verständlich, nicht allein auf der biologisch-evolutionsgeschichtlichen Ebene.

Es ist auch aus einem anderen Grund nicht richtig, die Evolutionslehre als Argument gegen die Existenz der Naturgeister ins Feld zu führen. Die Evolution zeigt nämlich aufs Ganze gesehen Richtungstendenzen. Im Wechselspiel von Mutation und Selektion setzen sich diejenigen Mutationsergebnisse durch, die aus irgendwelchen Gründen zu lebenstüchtigeren Arten führen. Dass es zu diesen Mutationen kommt, pflegt man mit »Zufall« zu erklären. Das ist aber keine Erklärung, sondern besagt nur, dass man die Ursache nicht kennt. Die Ursache liegt im zielgerichteten Wirken der Naturgeister.

Wer davon nichts weiß, mag darüber den Kopf schütteln. So ist aber die Realität. Goethe verstand die irdische Evolution ganz richtig als »eine Pflanzschule für eine Welt von Geistern«.[3]

Die Anhänger der materialistischen Weltanschauung gehen davon aus, dass es keinen Geist ohne Gehirn gebe: Geist sei eine Funktion und Hervorbringung des materiellen Gehirns.

Du sagst richtig: Sie »gehen davon aus«, sie können aber den Überschritt von Materie in Geist nicht plausibel machen und versuchen es auch gar nicht. Die Welt ist göttlichen Ursprungs und von Geist durchdrungen. Das Gehirn transformiert Geist in die materielle Welt und ist für inkarnierte Wesen in der Tat ein unentbehrliches Instrument. Die Annahme aber, es sei der Urheber des Geistes, ist ein Dogma, das sich nicht vernünftig verstehen, sondern nur voraussetzen lässt.

3 im letzten seiner Gespräche mit Eckermann.

Unter dieser Voraussetzung könnte es natürlich weder Gott noch Engel, noch Naturgeister, noch ein Leben nach dem Sterben geben. Das entspricht aber nicht der Realität. Wie es zu diesem nahe liegenden Irrtum kommt, wurde euch an anderer Stelle schon erläutert.[4]

4 siehe Alexa Kriele: *Mit den Engeln über die Schwelle zum Jenseits,* S. 47–78.

2. Naturgeister im Christentum

Warum kommt die Natur in der christlichen Religion zwar als Schöpfung Gottes, nicht aber in ihrer alltäglichen Lebendigkeit vor?

In der Bibel kommt sie sehr häufig vor. Das Alte Testament zeigt vor allem, wie Jahwe machtvolle Naturerscheinungen einsetzt, um das Volk Gottes zu erziehen oder zu unterstützen und seine Feinde zu vernichten. Jahwe gebietet nicht über tote Materie, sondern er befiehlt lebendigen Wesen, die seine Autorität anerkennen und ihm gehorchen. So rühmt z.B. Salomon »die Macht der Geisterwelt« (Weish. 7,20), und Daniel fordert sie auf, am Lobpreis des Herrn teilzunehmen (Dan. 3,57–81). Wenn sich Naturgeister in den Dienst dunkler Gegenmächte gestellt haben, werden sie als »Dämonen« vertrieben (z.B. Tob. 6,17).

Auch im Leben Jesu spielt die Natur eine große Rolle. Es hat z.B. eine große und nicht nur symbolische Bedeutung, dass Jesus in einem Stall bei Ochs und Esel geboren wurde, dass die ersten, die von der Inkarnation des Gottessohnes erfuhren, nicht Schriftgelehrte, sondern Hirten waren, und dass auch die ersten Jünger Jesu Fischer und andere Menschen waren, die mit der Natur in unmittelbarer Verbindung lebten. An vielen Stellen des Evangeliums wird euch gezeigt, dass die Wesen der Natur in Jesus ihren Herrn erkannten und seinen Weisungen folgten: z.B. wenn er Sturm und Wogen gebot oder auf dem Wasser wandelte. Sie reagierten auch von sich aus empört auf seine Kreuzigung – mit Verfinsterung und Erdbeben. Eine Andeutung seines freundschaftlichen Verhältnisses zu ihnen lässt sich auch daraus ablesen, dass er sich zur inneren Vorbereitung auf seine Passion in den Garten Gethsemane begab und dort Trost und Kräftigung suchte und fand.

In zahlreichen Schilderungen seines Wirkens vermittelt die Natur den Stimmungshintergrund in einer Weise, die euer Gemüt anspricht, euer Herz berührt: der Berg, der See, der Brunnen, der Garten, der Nachthimmel usw. Es wäre ein ergiebiges Thema für ein Buch, dem einmal nachzugehen und sein Verhältnis zur Natur im Einzelnen darzustellen: Jesus und der Fluss Jordan, Jesus und der Esel, Jesus und der Olivenbaum, Jesus und der See, Jesus und die Palmzweige, Jesus und die Wüste, Jesus und der Berg, Jesus und die Wettererscheinungen, Jesus und die Gestirne usw. So würde seine innige Beziehung zur Natur für euch lebendig und nacherlebbar.

Es gibt viele christliche Heilige, die in seinem Umgang mit der Natur ein Vorbild sahen, das sie zur Nachahmung ermutigte. Einer der größten unter ihnen ist Franz von Assisi, der mit den Tieren sprach und der zu den Erscheinungen der Natur ein sehr geschwisterliches Verhältnis hatte. In seinem *Sonnengesang* gab er dem einen wundervollen poetischen Ausdruck.[5] »Bruder« oder »Schwester« nennt er dort die Sonne, den Mond, die Sterne, den Wind, die Luft, das Wasser, das Feuer; die Erde nennt er »Mutter Erde«: In ihnen allen sah er Geschöpfe desselben Vaters und nicht tote Dinge, die euch entweder nützlich oder gefährlich sind. Geschwister der Menschen aber können sie nur sein, wenn sie als lebendige Wesen Funken des die ganze Welt durchdringenden göttlichen Geistes in sich tragen. Von einer Verwandtschaft aufgrund biologischer Abstammung kann da ja keine Rede sein.

Im Katechismus der katholischen Kirche kommt die Natur nur als Schöpfung Gottes vor, deren Schönheit Bewunderung

[5] im katholischen Gesangsbuch *Gotteslob* Nr. 285.

verdient (Ziff. 341). Ihre Nutzung wird zwar an sittliche Forderungen geknüpft, der Tier- und Artenschutz dient aber nur der Würde des Menschen und der Rücksicht auf künftige Generationen. Es wird ausdrücklich davor gewarnt, ihn aus Liebe zu fördern und für ihn Geld auszugeben (Ziff. 2415–2418).

Ihr sollt die christliche Überlieferung nicht revolutionieren. Es geht nur darum, zu entfalten und verständlicher zu machen, was in ihr angelegt ist. Jesus hat euch eine innig-liebevolle Beziehung zur Natur vorgelebt. Er nimmt keinen Anstoß daran, wenn der Hirt, der Bauer, der Gärtner, der Tierhalter den seiner Obhut anvertrauten Geschöpfen mit liebevoller Zuwendung, mit Respekt und Verständnis begegnet, und ebenso wenig, wenn ihr euch für den Tierschutz um der Tiere willen und nicht nur aus menschlichen Interessen einsetzt. Es geht nur darum, dass die Menschenliebe nicht durch Tierliebe verdrängt und ersetzt wird.

Das hat der Katechismus aber sehr missverständlich formuliert.

Nun ja, aber ihr kennt ja aus der Juristerei die Regel, dass ein Text nicht unbedingt so auszulegen ist, wie er zur Zeit seiner Entstehung verstanden wurde, sondern so, wie er heute unter Berücksichtigung des gesamten weiter entwickelten Normensystems zu verstehen ist. Auch die Moraltheologie befindet sich in ständigem Fluss. Der letztlich entscheidende Gesichtspunkt ist die Übereinstimmung mit Jesus Christus und der durch ihn begründeten Überlieferung.

Man wird den Einwand erheben, durch ein geschwisterliches Verhältnis zur Natur werde diese »vermenschlicht«.

Wieso ist das ein Einwand? Die Natur steht dem Menschen ja tatsächlich nahe. Die prinzipiellen Unterschiede zwischen

Mensch und Natur werden nicht in Frage gestellt, wenn man die Bereiche in Betracht zieht, in denen ihr euch nicht prinzipiell von Tieren unterscheidet: in Geburt, Wachstum und Sterben, im Wechsel von Wachen und Schlafen, im Bedürfnis nach Nahrung, im Stoffwechsel, in der Fortpflanzung, in der Funktion von Zellen und Organen usw. Im genetischen Code steht ihr den Schweinen und Ratten nahe – nicht nur den Affen. Biologisch und evolutionsgeschichtlich gesehen sind Tiere und Pflanzen nähere oder fernere Verwandte des Menschen.

Schon die hilfreiche Wirkung von Heilpflanzen zeigt euch die innige Beziehung zwischen Natur und Mensch. Auch die Psychologie kennt das Naturhafte im Menschen: z.B. das Baumhafte, das Feurige, das Fließende. Der Mensch ist Teil der Natur und die Natur Teil des Menschen. Und da die Tiere und Pflanzen von Naturgeistern belebt sind, die in graduellen Abstufungen tatsächlich Geist haben, sind sie auch insofern Mitgeschöpfe, die mit euch auf dem Heimweg zum Vater wandern.

Wer seinen Tieren und Pflanzen in geschwisterlicher Liebe zugewandt ist, weiß das aus Erfahrung: Er kennt sie wie der »Pferdeflüsterer« sein Pferd oder der Herr seinen Hund und erlebt ihre Reaktion. Das ist dann zum Wohle nicht nur der Tiere und Pflanzen, sondern auch des Menschen. Wenn ihr verständnislos mit der Natur umgeht, leiden beide: die Natur und der Mensch.

Diese Erfahrung hat sich aber in unseren wissenschaftlichen Theorien noch nicht niedergeschlagen.

Theorien fordern und fördern die Kraft des Verstandes und entwickeln über ihn das Bewusstsein. Aber es ist das Kennzeichen des religiösen Lebens, dass es sich überhaupt nicht an Theorien, sondern an der Erfahrung orientiert. Auch Jesus hat keine Theorien gelehrt; auf deren Diskussion hat er sich nur eingelassen, wenn ihn die Schriftgelehrten dazu gezwungen haben, und war ihnen dann auch darin überlegen. Er wirkte aber hauptsächlich durch das Vorbild seines praktischen Lebens, und wenn er lehrte, appellierte er in Bildern und Gleichnissen an Intuition und Erfahrung.

Auch die Natur lernt ihr über die Erfahrung des Alltags verstehen. Da erlebt ihr sie als euch nahe stehend, als hilfreich und hilfsbedürftig, als emotional und berührend, als fähig zur Freundschaft. Ihr erlebt selbst im Rauschen der Bäume und im Plätschern der Quelle, dass die Natur zu euch spricht. Und wenn Kunst und Poesie ihr ein menschliches Antlitz geben, seid ihr nicht befremdet, sondern habt das Gefühl: Sie bringen das Erlebte zur bildhaften Darstellung.

Haltet euch an die Erfahrung, nicht an Theorien, die sich über sie hinwegsetzen und die Erfahrung nicht gelten lassen. Theorien brechen sich auf Dauer an der Erfahrung des Lebens. Die Realität hat den längeren Atem. Die Wissenschaft hat Theorie und Realität immer von neuem abzugleichen und kann sich der Realität nur durch Offenheit für die Erfahrung annähern. Wer Theorien sammelt, mag ein Gelehrter werden; weise wird nur, wer Erfahrungen sammelt.

Und das gilt auch für theologische Theorien?

Ja, und deshalb ist es ein Irrweg, dass der Priester ein wissenschaftliches Studium braucht. Wenn man akademische Ansprüche auf die Kirche überträgt, hat das zur Folge, dass sich manche Theologen genieren, die religiösen, spirituellen, »esoterischen« Erfahrungen der Menschen ernst zu nehmen, auch die, von der die Bibel auf jeder Seite berichtet. Der Gegenstand ihres Lehrfaches ist ihnen im Grunde peinlich, sie empfänden es als unangenehm, den Glauben allen Ernstes zu bekennen: das alte Petrus-Problem. Wer Rat und Hilfe in praktischen Lebensfragen sucht, wird sich nicht an einen solchen Theologen wenden, sondern an einen weisen Priester, der die Erfahrungen ernst nimmt und der deshalb lebenserprobt und lebenstüchtig ist.

Ihr steht einerseits im Spannungsfeld zwischen Theorie und religiöser Erfahrung, andererseits im Spannungsfeld zwischen Offenheit und Verschlossenheit. Stellt euch beide Spannungsfelder in Kreuzesform vor:

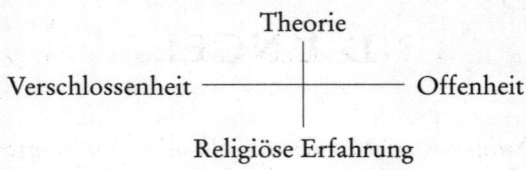

Theorie

Verschlossenheit —— Offenheit

Religiöse Erfahrung

Da habt ihr vier Quadranten, in die sich die Menschen einordnen lassen. Der verschlossene Theoretiker bleibt immer skeptisch, der offene Theoretiker ist lernfähig. Wer sich der religiösen Erfahrung verschließt, ist borniert, nur wer sich ihr öffnet, kann weise werden.

Eure Leser haben sich den religiösen Erfahrungen und damit der Realität des Himmels geöffnet. Jetzt geht es darum, Herz und Sinn auch für Erfahrungen mit den Naturgeistern zu öffnen.

3. Naturgeister und Engel

Sind die Naturgeister eher den Engeln oder den Menschen oder den Tieren ähnlich?

Sie sind Wesen eigener Art. Mit den Engeln verbindet sie, dass sie keinen materiellen Leib haben. Sie haben einen feinstofflichen Lichtleib, der für die äußeren Augen und Ohren so wenig wahrnehmbar ist wie der der Engel, auch wenn er etwas dichter als dieser ist. Aber für die inneren Augen und Ohren sind sie so wahrnehmbar wie die Engel. Am ähnlichsten sind sie den Schutzengeln, die immer nahe bei ihren Schützlingen bleiben.

Was unterscheidet sie von den Engeln?

Die Engel sind himmlische »Boten«: Ihr Name drückt ihr Programm, ihr Selbstverständnis, ihre Tätigkeit, ihren Erschaffungsgrund aus. Das tut der Name »Naturgeister« auch. Naturgeister leben auf der Erde und sind der Natur zugeordnet. Viele von ihnen sind aufs Engste verbunden mit Tieren, Pflanzen oder auch Steinen. Ist ihre irdische Lebensaufgabe erfüllt, gehen sie für eine Weile zur himmlischen Mutter zurück und kehren dann zur Erde zurück, um ihre Tätigkeit wieder aufzunehmen. Sie bewahren dabei ihre Identität. Ob sie nur für kurze Augenblicke auf die Erde kommen oder für viele Hunderte von Jahren – ihre Lebenszeit ist unendlich lang. Sie sind erfahren in dem, was sie jeweils angeht, und weise auch insofern, als sie sich auf das beschränken, was sie sind.

Ihr geistiger Horizont erreicht nicht die Genialität der Engel. Manche haben aber einen Horizont, der dem sehr gebildeter, weiser, wissender, erfahrener Menschen ebenbürtig ist. Manche kennen sich auch in der Menschenwelt gut aus. Das sind vor allem die, die auf Erden viele hundert oder tausend Jahre alt werden. Dazu gehört Agar, der sich das Lehren zur Aufgabe gemacht und sich auch euch zur Verfügung gestellt hat. Dazu gehören z.T. auch die, denen ihr die Naturgeistererzählungen verdankt.[6] Während die Engel aus Licht und Botschaft bestehen, bestehen die Naturgeister aus Licht und Bitte.

Was heißt das?

Ihre vorherrschende Stimmungslage ist gekennzeichnet durch Bitten, Barmen, Hoffen, durch drängendes Fragen, inniges Wünschen, flehentliches Befehlen. Sie ist geprägt durch die Stimmung der Mutter in ihrem Schöpfungsakt. Der ursprüngliche Schöpfungsakt des Vaters war begleitet von der überschwänglichsten, heiligsten Freude des Künstlers, dem sein Werk gelang. Der Schöpfungsakt der Mutter hatte nicht diese jubelnde Leichtigkeit, sondern die Stimmungsqualität des Bittens. Die Mutter bat den Vater, die Schöpfung nicht zurückzunehmen, sondern bestehen zu lassen, sie bat die Naturgeister, mitzuwirken an der Heimführung der Schöpfung. Wenn die Naturgeister den Menschen begegnen, so bitten sie diese, ebenfalls daran mitzuwirken und sich der Natur zu erbarmen.

Sie leben diese Bitte, sie realisieren dieses: »Wir sind unterwegs zurück. Helft uns dabei, verliert den Blick auf das Wesentliche nicht, bleibt auf dem Weg, begreift auch euch als Wanderer auf dem Heimweg – vorwärts zurück zu dem ursprünglich gemeinten unverletzten Zustand. Wir helfen euch, helft auch ihr uns. Auch wir erinnern uns an die Urbilder der Natur und streben dahin zurück.« Diese Grundstimmung

6 siehe Alexa Kriele: *Naturgeister erzählen*, 1999.

haben alle Arten von Naturgeistern, auch wenn sie bei verschiedenen Arten in verschiedener Weise Ausdruck findet. Die Naturgeister sind sozusagen die religiöse Instanz in der Natur, sie bewirken, dass die Natur auf dem Wege bleibt. Sie tun für die Natur, was die Engel für die Menschen unermüdlich versuchen.

4. Naturgeister und Menschen

Was bedeutet ihr Dasein für uns Menschen? Was wäre, wenn es die Naturgeister nicht gäbe?

Erstens. Ihr verdankt ihnen, dass die Natur die große Lehrmeisterin ist, in der das Göttliche sich widerspiegelt und erkennbar wird. Dank der Naturgeister ist die Natur ein Quell des Erfühlens und Erlebens des Göttlichen. Die Naturgeister verleihen den Schönheiten der Natur ihre inspirierende Kraft und Poesie. Sie tragen damit wesentlich zur Entfaltung eurer schöpferischen Fähigkeiten in Kunst und Dichtung bei.

Deshalb empfinden viele Menschen die Natur als Angebot, Bitte, Frage, Aufforderung und leisten dem Folge, indem sie sich in die Natur hinausbegeben, Berge ersteigen, wandern, Sport treiben. Sie tun das nicht nur aus gesundheitlichen Gründen, sondern weil sie das Bedürfnis haben, »Natur zu erleben«. Auch Menschen, die nie über Naturgeister nachgedacht haben, empfinden doch diesen Grundzug der Natur, den die Mutter in sie hineingelegt hat, und lieben es, wenigstens in ihrer Urlaubszeit inmitten der Natur und der sie belebenden Naturgeister zu sein.

Zweitens. Damit wird euch auch der göttliche Ursprung eurer Leiblichkeit, mit der ihr Glied der Natur seid, verständlicher. Viele Menschen erleben ja die Materie als gott- und geistlos, als fremdes oder sogar feindliches Gegenüber zur Welt des Himmels. Manche können sich mit den Bedingungen des Inkarniertseins, mit den Bedürfnissen des Körpers und seiner Sinnlichkeit nur durch asketische Leibfeindlichkeit versöhnen. Der häufigere Ausweg ist, dass sie sich dem Himmel in einfältig-materialistischem Dogmatismus verschließen, die mit ihm verbundenen Realitäten einfach nicht zur Kenntnis nehmen. Der richtige Weg wäre, den eigenen Körper als Teil der Natur und die Natur als geistdurchdrungen zu verstehen.

Drittens. Die Begegnung mit den Naturgeistern verhilft den Menschen zum Erahnen der himmlischen Mutter, zu ihrer Strenge und ihrer Güte, ihrer Klarheit und ihrer Sanftmut, ihrer Hoffnung und Zuversicht, ihrer Schönheit, Sinnlichkeit und Liebesfähigkeit, und nicht zuletzt ihrer Weisheit.

Viertens führt der Weg über die Weisheit der Mutter zuverlässig zur Erkenntnis des Vaters. Es gibt auch andere Wege, aber der Blick in die Natur, die Wahrnehmung ihrer Göttlichkeit und ihrer Geborgenheit in der Mutter ist der augenfälligste und sicherste: Ihr erfahrt euch selbst als Glied der Natur, damit als Kinder der himmlischen Mutter und damit als Geschöpfe des liebenden Vaters.

Fünftens. Eure Aufgabe, als Diener Christi an der Erlösung der Natur mitzuarbeiten, wird euch verständlicher, wenn ihr euch dank der Naturgeister von der Natur »ansprechen« lassen könnt. So könnt ihr eure Mitverantwortung für ihre schlussendliche Heimkehr begreifen. Ihr werdet die Bitte der Naturgeister verstehen und von ihr erschüttert sein. Ihr werdet an der Heimführung der Schöpfung nun auch im Dienst der Natur mitarbeiten.

Sechstens. Die Naturgeister ihrerseits werden euch in allem nach Kräften beistehen – und ihre Möglichkeiten sind nicht gering. Ihr werdet Freunde sein und den Weg zurück gemeinschaftlich gehen. Vielleicht werdet ihr ganz neue Kräfte und

Fähigkeiten gewinnen, wie sie euch manche Heilige vorlebten, die mit der Natur besonders eng verbunden waren.

Auf diese Weise schlagt ihr eine Brücke zwischen der Welt der Naturgeister und der Welt der Engel, die auf die Heilige Trinität ausgerichtet sind. Ihr bildet eine große Gemeinschaft: Trinität, himmlische Hierarchien, Menschenwelt und Natur. Ihr arbeitet zusammen an dem gemeinsamen Werk des Herrn: der schlussendlichen Heimkehr der Schöpfung zum Vater.

Dies lässt sich natürlich nicht von heute auf morgen erreichen, sondern nur in einem Prozess, in den ihr euch begebt, wenn ihr euch mit den Naturgeistern mehr und mehr vertraut macht. Es ist ein Prozess allmählicher Erweiterung eures Selbstverständnisses, der viele Jahre in Anspruch nehmen wird und meist auch nicht in einer einzigen Inkarnation vollendet ist.

Was meinst du mit »Erweiterung des Selbstverständnisses«?

Wenn ein Mensch »Ich« auf dem kleinstmöglichen Nenner sagt, dann versteht er sich als Egozentriker und Egoist und missversteht, was »Ich« eigentlich bedeutet. Das »Ich«-Verständnis eines sich entwickelnden Menschen umfasst viel mehr. Erstens: meine Seele in meinem Körper, zweitens: alle himmlischen Wesen, die in mir wohnen, die mir zur Seite stehen und zu denen ich gehöre, drittens: alle Naturwesen, die mit mir verbunden sind und ich mit ihnen, viertens: die geschwisterliche Gemeinschaft mit anderen Menschen samt all ihren himmlischen Helfern und Naturwesen.

Am Ende dieses Werdeprozesses schließt der Mensch, der »Ich« sagt, die ganze Schöpfung mit ein: »All ihr Freud und Leid geht mich an, ist in mir, ich erlebe es als das meine, ich integriere es in meiner Person, ich bin ihr Vertreter, ihr Fürsprecher.« Es ist, wie wenn der Bundespräsident für das ganze 80 Millionen Menschen umfassende Volk spricht. Ihr übernehmt das Amt eines Repräsentanten der ganzen Schöpfung oder versucht es annäherungsweise. Ihr folgt darin Christus nach. Ihr kommt ihm näher, ihr gesellt euch seinem Stab zu, ihr dient ihm, ihr wandert mit ihm.

Das Ziel ist klar, aber wie gelangt man dahin?

ERSTER SCHRITT. Macht euch bewusst, in eurer inkarnierten Leiblichkeit selbst ein Teil der Natur und ihres Evolutionsprozesses zu sein. Euer Körper zeigt alle Kennzeichen enger Verwandtschaft mit vielen Tieren. Ihr unterliegt wie diese den Rhythmen des Wachens und Schlafens, der Anspannung und Entspannung, des Tages und der Nacht, der Monate, der Jahreszeiten. Ihr braucht wie sie Lebensraum, Nahrung, Wärme, Gesundheit. Ihr lebt wie viele andere unter den Bedingungen der Zweigeschlechtlichkeit und der damit verbundenen Sinnlichkeit. Ihr sucht wie sie den Einklang mit euren natürlichen Bedürfnissen – ohne Überforderung und Unterforderung.

Es ist wichtig, das nicht nur mit dem Kopf zu wissen, sondern es zu empfinden und damit einverstanden zu sein. So gewinnt ihr ein positives Verhältnis zu eurer Natur und dadurch zur Natur überhaupt. Es ist in ihr nicht nur zu heiß oder zu kalt oder zu nass oder sonst unangenehm, einengend, schmerzhaft, hässlich und krank machend. Die Natur ist vor allem etwas, dessen ihr euch erfreut und das ihr voll und ganz bejaht. Erlebt euch als Teil der euch umgebenden Natur!

ÜBUNG

Begebt euch eine Zeit lang morgens und abends in die Natur und nehmt sie mit allen Sinnen wahr. Versucht z.B. den Sonnenaufgang und das Aufblühen der Blumen nicht nur zu sehen, das Gezwitscher der Vögel nicht nur zu hören, sondern das alles so zu sehen, zu hören, zu riechen und zu erfühlen, wie es die anderen Naturwesen erleben. Begebt euch in Gemeinschaft mit der Natur. Die direkte und persönliche Wahrnehmung ist weder durch den Blick aus dem Fenster noch durch Bilder oder Fernsehen, noch durch literarische Berichte ersetzbar.

Zweiter Schritt. Jetzt ergänzt den beobachtenden Blick um den liebenden Blick. Für den beobachtenden Blick ist die Natur »interessant«; sie wird zum Gegenstand wissenschaftlicher Forschung. Dagegen ist nichts einzuwenden, das behaltet ihr bei. Aber das Verhältnis von Beobachter und Forschungsgegenstand ist ein Verhältnis zwischen Ungleichen. Nun geht es darum, als ein Gleicher unter Gleichen individuell in die Natur einzutreten, als Freund unter Freunden. Das könnt ihr anfangs nur tun, indem ihr als Individuum einem Naturwesen eure Liebe zuwendet, ähnlich, wie ja auch die geschlechtliche Liebe eine Schule der Liebe ist, die sich mit der Zeit zur allgemeinen Menschenliebe ausweiten kann.

Übung

Mache dir deinen Lieblingsbaum zum Freund, gib ihm einen Namen, berühre ihn, sprich mit ihm wie ein Hundehalter mit seinem Hund. Dieser wird ja auch aus dem bloßen Hundsein zu einem ganz individuell gemeinten Hund hinaufgeliebt, der einen Namen hat und anhänglich ist. Teile auch dem Baum ein klein wenig von deiner Ichkraft mit. Dasselbe kannst du auch mit einem Pferd machen oder mit einer Blume oder einer Quelle oder einem See oder einer Nebelwolke.

Macht euch bewusst, dass ihr das nur tun könnt, weil es die Naturgeister gibt, die jedes Tier, jede Pflanze begleiten oder bewohnen, ja selbst Quelle, See oder Nebelwolke. Indem ihr euch auf diese Weise die Welt der Naturgeister erschließt, tretet ihr in eine Liebesbeziehung zur Natur. Ihr erfahrt euch als Teil der Natur und die Natur als Teil von euch. Ihr bereichert die Natur um etwas, das spezifisch menschlich ist, nämlich Individualität und frei gewählte Gemeinschaft.

Ihr werdet die Erfahrung machen, dass die Naturgeister, zu denen ihr euch hinaus in die Natur begebt, auch zu euch kommen. Sie kennen und schätzen euch, helfen euch, sie werden zur Natur um euch herum. Du kannst in deinem Büro sitzen und trotzdem ist der Wald um dich herum, du hast den See neben dir, die Quelle hinter dir. Also du erfüllst die Natur mit deiner Ichkraft – du meinst jedes einzelne Wesen individuell und persönlich. Die Naturgeister danken dir, indem sie dich mit der Natur umgeben, die sie vertreten.

Mit der Zeit wird sich eine richtige Freundschaft zwischen euch und dem von euch geliebten Naturwesen und seinem Naturgeist entwickeln. Diese könnt ihr so pflegen und vertiefen, wie ihr es mit menschlichen Freunden tut.

Übung

Setze dich einmal hin und schreibe deinem neuen Freund einen Liebesbrief oder verfasse ein Liebesgedicht. Lies ihm vor, mit welch innigen Worten du ausdrücken möchtest, wie sehr du ihm zugetan bist und wie viel dir seine Freundschaft bedeutet.

Dritter Schritt. Jetzt geht es darum, das Wesen des von euch hervorgehobenen Geschöpfes, z. B. des Baumes, von innen her zu erfassen. Das tut ihr, indem ihr mit dem Naturgeist in nahen Kontakt tretet, der in ihm lebt und wirkt: Er drückt sein Wesen aus, und ihr könnt ihm in die Augen blicken. Er wird euch helfen, den Baum von innen her zu erfahren.

Übung

Stell dir vor, du gehst in den Baum hinein, wirst selbst zum Baum, erlebst, wie er die Welt erlebt. Du erfährst dann nicht nur das Wesen des Baumes, sondern auch das Baumhafte in dir. Das bedeutet: Die Naturgeister eröffnen dir die Möglichkeit zu gesteigerter Selbsterkenntnis.

Du kennst deine Verwandtschaft mit dem Geschöpf, das du liebst, nicht nur mit dem Kopf, sondern du erfühlst sie.

Auf diese Weise entfaltet oder stärkt ihr die geschwisterliche Solidarität mit aller Kreatur. So wie ihr die Verletzung von Menschenwürde und Menschenrechten nicht akzeptieren könnt, nirgendwo auf der Welt, weil ihr euch als gleichberechtigte Brüder empfindet, so werdet ihr auch die Misshandlung der Natur nicht hinnehmen wollen. Ihr werdet mehr und mehr zu Mitarbeitern im Weinberg des Herrn.

5. Allgemeines über Naturgeister

Wir würden uns gern eine nähere Vorstellung von den Naturgeistern verschaffen. Zunächst die Frage: Wo gibt es die Naturgeister?

Überall in der ganzen Natur. Der Baum ist ebenso von einem Naturgeist begleitet wie das Gänseblümchen, der Elefant ebenso wie der Floh. Es gibt zwar Lebewesen, die in ihrem Lebensempfinden zu einer Gemeinschaft zusammengeschlossen sind, also von einem gemeinsamen Naturgeist belebt sind; das findet ihr z. B. bei Moos, bestimmten Pilzen, Sporen und Bakterien. Doch es gibt nichts, was ohne Naturgeist wäre. Ihr findet die Naturgeister nicht nur in Tieren und Pflanzen, sondern auch in Winden oder Nebelwolken, im Meer, in Seen, Flüssen und Quellgewässern. Ihr findet sie sogar in den Steinen. Ihr macht euch keine Vorstellung von der Vielfalt der Milliarden und Abermilliarden von Naturgeistern.

Ist der geistige Horizont bei denjenigen, die größere Tiere oder Bäume besiedeln, höher als bei den Naturgeistern kleinster Lebewesen?

Ja, natürlich. Aber unterschätzt nicht die geistigen Fähigkeiten, die manchen Naturgeistern eigen sind (s. dazu oben Seite 30).

Wenn ein Elefant stirbt, stirbt dann dessen Naturgeist mit?

Nein, dann verlässt er den Leichnam und schaut sich um, ob irgendwo ein neuer Elefant geboren wird, dem er sich zugesellen kann.

Und wenn der schon einen hat?

Dann schaut er sich weiter um. Es macht ihm nichts aus, eine Weile zu warten.

Sterben die Naturgeister gar nicht?

Nicht in dem Sinne, dass sie ihren Leib verlassen und die Seele woandershin geht. Sie sind und bleiben eins mit ihrem Lichtleib. Aber wenn sie keine Aufgabe mehr haben und keine neue finden können, oder auch einfach, wenn sie müde sind und einmal neu »auftanken« wollen, dann wechseln sie ihren Aufenthaltsort: Sie kehren dann zu den Füßen der himmlischen Mutter zurück. Dort ist ihre Heimat!

Das geschieht in einem Augenblick, da gibt es keine weite Reise, denn das Reich der Mutter ist ja nicht irgendwo weit weg, sondern unmittelbar vor eurer Nasenspitze. Dort ruhen sie sich dann eine Weile aus – buchstäblich im Paradies. Die Mutter ist immer von Naturgeistern umgeben: Sie lebt in einem grünen, blühenden Paradies, in dem Milliarden Naturgeister herumwuseln: Sie kommen und gehen. Wenn die Naturgeister auf Erden wieder gebraucht werden, kehren sie dahin zurück und nehmen ihre gewohnte Tätigkeit wieder auf.

Dann kann man also nicht fragen: Wie lange leben sie? Also frage ich: In welchem Rhythmus haben sie das Bedürfnis, für eine Weile zur Mutter zurückzukehren?

Das ist bei verschiedenen Arten sehr unterschiedlich. Manche werden – in diesem Sinne – mehrere tausend Jahre alt. Andere, z. B. die Fünkchen, sind nur für einige Sekunden auf der Erde.

Wir haben gelernt: Wenn sie des Lebens auf Erden müde sind, dann sagen sie das dem König, und er lässt sie ziehen.[7]

So ist das bei den Wichteln. Der König kann dann, wenn in seinem Reich neue Wichtel gebraucht werden, diese aus den Armen der Mutter herabrufen. Sie kommen dann als »Kinder« zu einem »Elternpaar«, lernen, was inzwischen neu zu lernen ist und nehmen ihre frühere Tätigkeit wieder auf.[8]

Gibt es böse Naturgeister?

Da die Naturgeister immer wieder in das Reich der Mutter, d.h. in das Reich der Urbilder, ins Paradies zurückkehren, sind sie im Lichten verankert. An dem »Fall der Engel« hatten sie nicht teil. Im Gegenteil, die Mutter hat sie ja, wie gesagt, zur Heilung in die Natur gesandt.

Manche Naturgeister sind aber, wenn sie auf Erden wirken, verführbar, sie gehören ja nun zur verletzten Natur. Sie lernen von den Menschen, sie bewundern sie, nehmen sie zum Vorbild. Wenn die Menschen sie lehren, wie man Böses bewirken kann, so ahmen sie das nach. Sie sind neugierig auf Techniken aller Art und versuchen sie zu nutzen, wie der Mensch es ihnen vormacht. Ebenso lassen sie sich aber auch von den Menschen korrigieren.[9]

Beruht der Schabernack, den sie den Menschen mitunter spielen, auf dunklen Einflüssen?

Nein, das ist Spiel und Spaß und nicht böse gemeint. Manche Naturgeister sind lustige Kindsköpfe, die gern Streiche spie-

7 siehe Alexa Kriele: *Wie im Himmel so auf Erden,* Bd. IV S. 189f.

8 ebenda, S. 180f.

9 des Näheren siehe Alexa Kriele: *Wie im Himmel so auf Erden,* Bd. I S. 287–292.

len, wie ihr das von euren Lausbuben auch kennt. Das mag euch mitunter ärgern, aber das solltet ihr ihnen nicht übel nehmen.

Es sind auch nicht alle Arten von Naturgeistern zu so etwas aufgelegt.

6. Zur Gliederung

Was für Arten von Naturgeistern gibt es denn? Gibt es da eine systematische Ordnung?

Ordnungssysteme stellt der Mensch auf, der nach Überblick und Vollständigkeit strebt. Es gibt sie nicht »an sich«. Es ist wie in der Biologie: Sie ordnet die Tiere nach verschiedenen Kriterien, die sich teilweise überschneiden, z. B. Wirbeltiere, Säugetiere, Warmblüter, Raubtiere, Meerestiere, tropische Tiere usw. Aber die Urbilder der Tiere wurden nicht nach solchen Ordnungskriterien geschaffen.

Ebenso gibt es die Naturgeister in höchst komplexer Vielgestaltigkeit. Sie sollten eine große, sich gegenseitig dienende Gemeinschaft bilden, allen zur Freude. Ihr könnt also die Naturgeister nach Kriterien gruppieren, die eurem Ordnungsinteresse zweckmäßig erscheinen. Aber ihr werdet kaum in der Lage sein, sie alle zu kennen.

Welche Kriterien kommen in Betracht?

Eine Möglichkeit wäre die Ordnung nach den Jahreszeiten, die ihrer Art zu sein besonders entsprechen und in denen sie vor allem aktiv sind. Oder ihr gliedert nach geografischen Gegebenheiten: Sie leben z. B. am Meer oder in Wüstenstreifen oder im Hochgebirge. Oder ihr unterscheidet solche, die einzelnen Tieren oder Pflanzen zugeordnet sind, und solche, die sich frei bewegen – und bei den ersteren, ob sie zu Tieren oder Pflanzen gehören und zu größeren oder kleineren. Oder ihr fragt, ob sie zu den Menschen in die Häuser gehen oder nicht, ob sie sich für eure Technik interessieren oder nicht, ob sie von ihrem Wesen her eher männlich oder weiblich sind oder in beiden Geschlechtern auftreten. Es liegt ganz bei euch.

Die übliche Gliederung ist die nach den vier Elementen.

Ja, die empfiehlt sich vielleicht am ehesten. Ihr solltet aber von vornherein wissen, dass sie nicht ganz aufgeht. Z.B. können Wasserwesen im Wasser oder am Wasser wohnen, im Meer, in Seen, in Flüssen, in der Nähe von Mooren, Sümpfen oder Quellen. Auf ähnliche Unschärfen werdet ihr bei den Erd-, Luft- und Feuerwesen stoßen. Wenn ihr das in Kauf nehmt, dann hat die Grobgliederung nach den vier Elementen für sich, dass ihr damit an ein bekanntes und weithin akzeptiertes Ordnungssystem anknüpft, das ihr auch ganz real auf der dritten Ebene, der der Elementargeister, wiederfindet.

Dann machen wir das so.

Gut. Ihr solltet dann nicht von Arten, Gattungen, Rassen oder Typen von Naturgeistern sprechen, sondern von Familien. Die Familien sind z.T. in der Welt weit verbreitet, und ihre Mitglieder können in verschiedenen Weltgegenden Eigentümlichkeiten zeigen, mit denen sie sich von denen in anderen Gegenden unterscheiden. Verschiedene Völker erzählen ja verschiedene Geschichten von ihren Naturgeistern. Daraus solltet ihr nicht folgern, dass alle diese Geschichten auf purer Fantasie beruhen müssten. Denn es gibt auch Beschreibungen, die sich nur in anderen Weltgegenden bestätigen. Die Welt der Naturgeister ist eben unendlich vielgestaltig.

Ihr solltet also klar machen, erstens, dass es sich um eine willkürlich gewählte Ordnung handelt, zweitens, dass ihr nur einen Ausschnitt aus der Welt der Naturgeister näher beschreiben könnt und dass Vollständigkeit unmöglich ist. Wenn ihr das im Auge behaltet, dann geht ans Werk! Ich übergebe dann jetzt an Agar, einen der weisesten und kenntnisreichsten Lehrer der Naturgeister, wie ihr ja schon erfahren habt. Ihr legt mir dann später den Text noch einmal vor; vielleicht kann ich das eine oder andere noch ein wenig verbessern oder ergänzen. (Der Hohelehrer verabschiedet sich.)

AGAR (Lehrer der Naturgeister, mit blaugelbem Wams, Strumpfhose und Barett mit langer Feder, ein alter Freund[10], grüßt mit pathetischer Verbeugung, das Barett in der Hand): Gott zum Gruße, verehrte Freunde. Womit kann ich dienen?

Wir möchten uns und unseren Lesern eine nähere Vorstellung vom Leben der Naturgeister verschaffen und einen Überblick gewinnen, was es alles gibt, und da hätten wir gern deine Hilfe.

Es ist mir eine Ehre und für die Naturgeister eine erfreuliche Möglichkeit, sich den Menschen vertrauter zu machen. Das macht Sinn und dient dem Wohle aller. Bei manchen von ihnen wird es am besten sein, ihr fragt die Repräsentanten der verschiedenen Naturgeister-Familien selbst. Ich werde euch den Kontakt vermitteln, aber dableiben – als vertrauensbildendes Bindeglied sozusagen. Aber ich stehe euch gern auch selbst für jede gewünschte Auskunft zur Verfügung.

Danke, Agar, das ist wunderbar.

In welcher Reihenfolge wollt ihr vorgehen?

Wir dachten, wir orientieren uns an den vier Elementen.

10 siehe Alexa Kriele: *Wie im Himmel so auf Erden,* Bd. I S. 116, 186, 240, 287, 291, 298, 301, Bd. II S. 265, 305, Bd. III S. 192.

Na ja, das kann man machen. Habt ihr euch schon Fragen überlegt?

Wir haben mal einen vorläufigen Fragenkatalog erstellt und wollten dich bitten, ihn zu überprüfen und zu ergänzen!

Zeigt mal her!

Fragenkatalog

1. Wie lebt ihr? Wie ist euer Tageslauf und Lebenslauf?
2. Wie seht ihr aus? Wie könnten wir euch zeichnen oder malen?
3. Was ist eure Aufgabe?
4. Wie ist eure Beziehung zum Himmel? Feiert ihr religiöse Feste und wie? Wen verehrt ihr? Was haltet ihr heilig? Habt ihr heilige Orte?
5. Pflegt ihr Künste – Tanz, Gesang, Gedichte usw.? Dürfen wir mal daran teilnehmen?
6. Wie können wir Menschen euch von uns aus finden? Wo sollen wir suchen, wie uns verhalten? Können wir euch rufen? Habt ihr Namen?
7. Sucht ihr von euch aus Kontakt zu den Menschen? Seid ihr uns Freund? Helft ihr uns, wenn wir uns z. B. verlaufen haben oder sonst in Not sind? Wie macht ihr euch bemerkbar?
8. Was wäre euch wichtig, uns zu sagen? Was sollen wir lassen, was sollen wir tun?
9. Worin besteht eure Lebensphilosophie? Was ist euer Wissensschatz? Wie wird er gehütet? Lässt er sich in einem Motto zusammenfassen?
10. Habt ihr Lust, uns Märchen oder Geschichten aus eurem Leben zu erzählen?

Agar: Ja, das ist ein ziemlich umfassender Fragenkatalog. Es wird sich ergeben, dass wir bei den einen auf dieses, bei anderen auf jenes näher eingehen, manches ergänzen, manches weglassen, je nachdem, wo ihre Schwerpunkte liegen. Wenn ihr flexibel seid und euch nicht an das Schema klammert, wird das Buch umso interessanter sein.

Ich schlage also vor, wir beginnen mit den Erdwesen, die euch am nächsten stehen: den Erdmüttern oder Baumfrauen, den Wurzelkindern und den Erdmännchen, sprechen dann später über Wichtel und Zwerge, dann über die so genannten Riesen, zu denen auch die Trolle gehören, dann über die wenig bekannten Mütter der Nacht, die aber zu den wunderbarsten und wichtigsten Erdwesen gehören, und zum Schluss über die Gnome, die schillerndsten, zwielichtigsten unter den Erdgeistern. Dann gehen wir über zu den Wassergeistern, den Luftgeistern und den Feuergeistern.

Einverstanden.

I. Erdgeister

Baumfrauen (Erdmütter, Dryaden)

AGAR: Habt ihr einen Lieblingsbaum, den ihr euch zum Freund machen wollt?

Ja.

Dann begebt euch heute Nachmittag mal zu ihm hin und lehnt euch mit dem Rücken an seinen Stamm. Schließt die Augen und stellt euch vor, der Stamm wird weich, er bildet eine Kuhle, in die ihr hineinsinkt.

Ihr seid in dem Baum drin und fühlt euch in das Wesen des Baumes hinein. Versucht einmal, die in dem Baum wohnende Erdmutter wahrzunehmen. Sie kniet in ihm mit zur Seite gelegten Beinen, die Füße verschwinden im Wurzelgeflecht. Der Körper – schmal, lang, aufgeschossen – erstreckt sich dem Stamm entlang. Die Arme streckt sie in die Äste, und aus der Krone blickt ihr Gesicht auf euch herab. Sie lebt mit diesem Baum, sie atmet in ihm, sie ist sein Herzschlag, sie macht sein Wesen aus.

Sie ist ein Naturgeist, der die Rolle der himmlischen Mutter auf Erden nachspielt. Sie ist eine Widerspiegelung der himmlischen Mutter, sozusagen eine irdische Stellvertreterin. Wenn ihr euch von ihr ansprechen lasst, vermittelt sie euch die Mahnung, in den Himmel hinaufzustreben, dabei aber fest in der Erde verwurzelt zu bleiben.

Wir können also zu ihr eine persönliche Beziehung aufnehmen?

Ja, wenn ihr euch auf sie zubewegt, kommt sie auch auf euch zu und sieht in euch Freunde. Wenn ihr euch innerlich darauf konzentriert, könnt ihr wunderbare Gespräche mit ihr führen.

Wie fangen wir das am besten an?

Am besten so wie bei einem Arztbesuch, also z. B.: »Im Ganzen geht es mir gut, aber ich habe einen schmerzenden Fuß.« Dann geht ihr aber weiter und erzählt, dass ihr überhaupt so manchen Kummer habt. So kommt eins zum andern, und schließlich habt ihr euer halbes Leben erzählt.

Das ist der Moment, den die Baumfrau abwartet. Dann wird sie beginnen, euch zu trösten und aufzurichten. Sie wird euch z. B. sagen, dass am Ende alles gut werden wird, dass nichts Unrechtes, Dunkles, Böses Bestand hat: »Es kommt ans Licht und wird vergehen. Bleibe standhaft wie ein Baum, lass dich weder brechen noch entwurzeln, noch dazu bringen, dass du dich vom Himmel abwendest. Bewahre dein Vertrauen, den langen Atem. Gib die Senkrechte nicht auf. Beuge dich nicht dem Unrecht, aber tue nicht selbst Unrecht, sondern bleibe immer auf den Himmel ausgerichtet.«

Da könnte manch einer erwidern: »Du hast gut reden, dir geht es ja gut.«

Nun: dann möge er sich einen kranken, dahinkümmernden Baum aussuchen, der anfällig und kraftlos geworden ist und keinen nahrhaften Wurzelboden hat, aus dem er sich regenerieren könnte. Die Erdmutter eines leidenden Baumes hütet mit umso größerer Glaubwürdigkeit das Bild der Mutter in der Natur. Sie wird dennoch auf den Himmel ausgerichtet bleiben, dennoch nicht verzweifeln und auch den Menschen kräftigen, stützen und trösten.

Sie weist den Menschen auf die Entsprechung zwischen Mensch und Baum hin. Das Wesen, die Idee des Baumes wirkt auch im Menschen. Es gibt das Baumhafte im Menschen: das Streben in die Höhe, dem Himmel entgegen und zugleich die stabile Verwurzelung in der Erde. Das lebt euch der Baum bildhaft vor. Man sollte also kranke Bäume nicht immer gleich entfernen.

Die Erdmutter spricht zum Menschen, wenn dieser zu ihr kommt und sie hören will. Sie sagt ihm: »Vergiss nicht, wer du bist. Liebe diese Erde, aber behalte den Blick auf den Himmel gerichtet. Dann wird am Ende alles gut. Du brauchst nur Zuversicht und langen Atem, sei es auch über Jahrhunderte oder Jahrtausende hinweg!«

Unser Leben währt aber doch nur Jahrzehnte. Kommt es auf unsere Individualität nicht an?

Es kommt auf die Individualität der Seele an, nicht auf die der konkreten Person, die ihr in dieser Inkarnation darstellt. Die Person stirbt, sie reinkarniert sich nicht. Aber die Seele verlässt im Sterben den Leib, der die Person umhüllt hat, und reinkarniert immer wieder in neuen Personen.

Das heißt, die Erdmutter vertröstet uns auf die ferne Zukunft?

Sie richtet euch auf die Erde *und* den Himmel aus. Nur wenn ihr diese doppelte Ausrichtung habt, könnt ihr die konkreten Probleme, mit denen ihr zu ihr gekommen seid, in einer Weise lösen, die eurer Seele auf Dauer zuträglich ist, nicht, wenn ihr dunklen Versuchungen erliegt.

Wenn sie sich so schnell nicht lösen lassen, dann ist es besser, trotzdem diese Baumhaftigkeit festzuhalten. Dann werdet ihr vielleicht die Sorgen und Kümmernisse, unter denen ihr als die jetzige Person leidet, nicht überwinden können. Aber ihr könnt wissen: Für die Zukunft eurer Seele wird sich alles zum Guten wenden. Die Botschaft der Erdmutter ist dann: Nehmt die Person nicht so wichtig. Eure Seele hat einen längeren Atem als die Person. Sie lebt ja ewig, sie hat keine Eile und kann notfalls abwarten. Sie zu stützen, zu kräftigen, mit Zuversicht zu erfüllen – das ist das Anliegen der Erdmutter.

Der Baum, den sie bewohnt, wird ja selbst auch sterben, sei es auf natürliche Weise, sei es durch die Axt des Holzfällers. Was geschieht dann mit ihr?

Wird der Baum gefällt, macht sie sich klein und zieht sich in den Wurzelbereich zusammen. Dort durchläuft sie in kürzester Zeit den Prozess des Alterns, den der Baum sonst noch durchlebt hätte, sozusagen im Zeitraffer. Fällt der Baum mit krachendem Geräusch nieder, dann vergeht die Erdmutter mit einem tiefen Seufzen und kehrt heim zur himmlischen Mutter. Dort verbleibt sie eine Weile, bis sie sich wieder mit einem neuen Baum verbindet.

Stirbt der Baum an Alter oder Krankheit, dann hat die Erdmutter noch eine andere Möglichkeit. Sie kann sich zu einem Baum in der Umgebung begeben und diesen dann gemeinsam mit der dort lebenden Erdmutter bewohnen, dann wohnen da eben zwei. Sehr große, sehr alte Bäume können bis zu sieben Erdmütter beherbergen. Das erhöht dann deren Ausstrahlung und Wirkkraft. Das sind oft Bäume, die von den Menschen als Hüter eines Dorfes oder sogar als heilige Bäume angesehen werden, die man z. B. als Naturdenkmäler stützt und schont, unter denen sich die Liebespärchen gerne treffen, wo man sich zum Abendplausch trifft oder singt oder Feste feiert.

Ist unsere Dorflinde ein schönes Beispiel dafür?

Ja. Richtig.

Haben die Erdmütter Namen, mit denen wir sie individuell ansprechen können?

Nicht solche, wie ihr das z.B. aus dem Buch *Naturgeister erzählen* von den Wichteln kennt. Man nennt sie, indem man ihr Wesen charakterisiert, wie es in der indianischen Namensgebung üblich ist, z.B. die Sanfte, die Holde, die Liebende, die mit den ausgebreiteten Armen.

Lässt sich ihre Weisheit in einem zusammenfassenden Motto ausdrücken?

Ja, es ist das Motto der himmlischen Mutter: »Es wird alles gut.«

Wurzelkinder

Wollen wir jetzt mit den Erdmännchen fortfahren? Nein, die Wurzelkinder drängeln sich vor. Die Erdmännchen dagegen sind scheu und zurückhaltend und wollen lieber warten. Die Wurzelkinder freuen sich, dass ihr euch für sie interessiert und zu ihnen kommen wollt. Das haben sie mitbekommen. Die Erdmännchen haben es ihnen berichtet. Sie sagen: »Diese Menschen sind nett, putzig, lustig.«

Sind die Wurzelkinder Kinder der Erdmutter und der Erdmännchen?

Nein, die drei bilden zwar eine Familie in einem weiteren Sinn, aber nicht im Sinn von Vater, Mutter und Kind. Sie pflegen Beziehungen miteinander, sind aber voneinander unabhängige Erdgeister verschiedener Art.

Wo sollen wir hinkommen, wie uns verhalten?

Geht in den Wald und betrachtet die Bäume erst einmal mit einem gewissen Gleichmut. Schaut nach unten auf den Stamm und das Wurzelwerk, das vielleicht ein wenig aus dem Boden heraustritt. Schaut, wo euch das Wurzelwerk besonders komisch und lustig vorkommt, wo ihr vielleicht sogar das Gefühl habt, ihr hört es fröhlich kichern. Geht um diesen Baum herum, erst langsam, dann immer schneller, als wolltet ihr Fangen spielen. Schließlich rennt im Kreis so schnell ihr könnt, bis euch die Puste ausgeht und ihr lachen müsst. Dann lasst euch auf den Boden nieder, mit dem Rücken in das Wurzelwerk hinein und schließt die Augen. Dann seid ihr in der Verfassung, in der ihr die Wurzelkinder am besten kennen lernen könnt.

Wünschen sie sich Kontakt zu den Menschen?

Also, sie sagen: Einerseits brauchen sie die Menschen nicht dringend, sie leben auch ohne sie sehr gut. Andererseits finden sie die Menschen sehr komisch: meist so miesepetrig und missgelaunt, mit wütenden und verkrampften Gesichtern. Das reizt sie zum Lachen, das finden sie lustig. Dann beginnen sie einen Wettkampf zwischen Baum und Baum, also zwischen Wurzelkindergruppe und Wurzelkindergruppe: Wer bringt die Menschen als Erster zum Lachen? Das macht ihnen Spaß, und deshalb seid ihr ihnen willkommen. Also ihr dient ihnen zum Amüsement, zur Abwechslung, zu einem vergnüglichen Spiel.

Und wenn sie mit einem fröhlichen Menschen zu tun haben?

Wenn ein Mensch begriffen hat, dass das Leben lustig ist, dann freuen sie sich, das tut ihnen gut. Denn dann sehen sie, dass sie nicht die Einzigen sind, die lachen können. Sie finden sich gespiegelt durch ihnen ähnliche Menschen. – Sie sind mit ihrer Fröhlichkeit zuständig für das gute Gedeihen des Baumes. Sie wissen: Wo die Menschen fröhlich sind, werden auch diese gut gedeihen. Dann lieben sie es, mit ihnen Kontakt zu pflegen.

Ich möchte euch einen guten Rat geben. Wenn ihr ein Kind bekommt oder ein Haus baut oder ein Unternehmen gründet und euch gutes Gedeihen wünscht, dann pflanzt so nahe wie möglich einen Baum. Mit dem kommt eine ganze Gruppe von Wurzelkindern in eure Nähe. Dann könnt ihr ihnen sagen: Fühlt euch bitte für das Gedeihen nicht nur des Baumes, sondern auch des Kindes oder des Hauses oder des

Unternehmens mit zuständig. Dann verhalten sie sich so, sie fühlen sich wirklich verantwortlich. Und sie können mit ihrer ansteckenden Fröhlichkeit viel zum Gedeihen beitragen.

Können sie denn aus dem Wurzelwerk heraustreten?

Sie leben normalerweise unter der Erde, aber sie können auch hervorkommen, entfernen sich allerdings nicht weit von ihrem Baum oder Busch.

Wann tun sie das?

Vor allem, wenn sie mitbekommen, dass da oben Kinder herumtollen oder ein Pärchen sich liebt – so etwas erfreut sie. Wenn ihr einen Kinderwagen unter einen Baum stellt, dann klettern sie daran empor, um das Kind anzuschauen, sie kitzeln es an der Nase oder streicheln seine Händchen und Haare oder zupfen das Kopfkissen glatt oder flüstern ihm etwas ins Ohr. Dann krabbeln sie wieder herunter und verschwinden in der Erde.

Wenn Kinder schreien oder sich streiten, dann kommen sie hervor, um sie wieder fröhlich zu stimmen. Das tun sie manchmal auch mit Erwachsenen: Sie versuchen, das Kindliche in ihnen herauszulocken oder zu bestärken.

Wie machen sie das?

Indem sie zupfen oder ziehen oder kitzeln, sodass der Mensch von seinem Ärger abgelenkt wird, sich wundert und lächeln muss. Dazu gehört dann für die, die es vernehmen können, immer ein Lachen, Kichern und Glucksen, das gute Laune verbreitet. Sie versuchen, die Trübsal oder Gedankenmühlen der Menschen zu unterbrechen und die Stimmung des Menschen aufzuhellen.

Sie lieben die unbeschwerte Freude und suchen sie zu verbreiten. Sie mögen es, wenn erwachsene Menschen wie Kinder im Wald herumspringen oder tanzen oder sich im Kreise drehen. Womit es ihnen wirklich ernst ist, ist das Lachen, so seltsam das klingt.

Wenn sie feiern, geht es ihnen darum, einander zum Lachen zu bringen. Sie stellen sich im Kreis auf, und einer nach dem anderen tritt in die Mitte und macht etwas Lustiges vor: einen Handstand, einen Purzelbaum, eine komische Grimasse, sie spielen den Clown mit irgendeiner Situationskomik, erzählen lustige Geschichten, machen Witze oder führen zu zweit eine kleine Scharade auf. Dann lachen alle und klatschen, und der in der Mitte lacht über sich selbst. Sie würden gern die Menschen dazu bringen, dass auch sie möglichst viel in solch einer fröhlichen Runde feiern und einander zum Lachen bringen.

Hat dieses Lachen einen tieferen Sinn?

Oh ja. Der Anfang allen Gedeihens ist das große Lachen Gottes. Wenn etwas wachsen, blühen und sich entfalten soll, dann ist der Urgrund das göttliche Lachen. Als der Schöpfer die Welt schuf, tat er das in überschwänglicher Freude. Er sah, dass das Geschaffene gut war, es gefiel ihm, es machte ihm Spaß, und er erfüllte sein Universum mit freudigem, fröhlichem, alles durchdringendem Lachen. Dieses Lachen kennt nicht den Beigeschmack von Hohn oder Schadenfreude oder Bitterkeit oder Galgenhumor oder Zynismus, den es bei Menschen oft hat, nicht einmal von Melancholie. Es ist das Lachen der reinen Freude und der Bejahung der Schöpfung.

Die Aufgabe der Wurzelkinder ist, das Lachen Gottes auf der Erde zu hüten und zu pflegen, und seit 2000 Jahren auch das Lachen des Jesuskindes. Dieses konnte schon als kleiner Säugling das Gesicht zu einem Lächeln verziehen und vergnügt glucksen. Wurzelkinder waren damals Augen- und Ohrenzeugen und haben dieses Wissen überall verbreitet. Sie hüten es als ihren heiligen Schatz und knüpfen ihre Tradition der Fröhlichkeit unmittelbar an Gott und das Jesuskind an.

Was wollen sie uns lehren?

Was immer ihr beginnt – den Tag, die Stunde, ein Werk, ein Gespräch: der Anfang sollte im Lachen gründen, damit es blüht und gedeiht. Wenn möglich, lasst euer Vorhaben in der Nähe der Wurzelkinder beginnen und bittet sie, es zu begleiten; dann wird es gelingen und zum Heil der Welt sein.

Die Wurzelkinder dienen ihrer Aufgabe, indem sie die Bäume aus dem Urgrund des Lachens hervorwachsen lassen. Und wo immer sie es sonst tun können, versuchen sie, diesen Urgrund allen Gedeihens zu verbreiten, auch in der Menschenwelt. Ihre Aufgabe ist die Sorge für die Heilung der materiellen Welt. Je mehr deren Leben wieder aus dem Urgrund des großen göttlichen Lachens hervorgeht, desto leichter findet sie den Heimweg zum Vater zurück.

Haben die Wurzelkinder Namen?

Ja, sie rufen sich Lolo oder Lili oder Mimi – immer mit der Wiederholung einer Silbe. Das klingt nach einem zärtlichen Witzchen, wie wenn ihr sagt: du süßer Fratz. Sie nehmen die Namen nicht ernst, diese sollen einfach nur liebenswürdig und lustig sein.

Lässt sich auch die Weisheit der Wurzelkinder in einem Motto zusammenfassen?

Ja, es lautet: »Nichts gedeiht auf Trübsal.«

Erdmännchen

Die Erdmännchen bewohnen das Innere der Erde bis in ihr Zentrum hinein. Ihr habt es natürlich unmittelbar nur mit denen zu tun, die in der äußeren Schicht – bis wenige Meter unter der Erdoberfläche – siedeln. Sie sind nicht an den Ort von Bäumen oder Sträuchern gebunden, sie bewegen sich frei, wo immer es etwas Gewachsenes gibt – einzelne Grasbüschel oder Blümchen genügen ihnen. Sie können ohne weiteres auch ans Licht kommen, was sie allerdings ungern tun. Sie sagen: das Licht kitzelt so. Ich habe sie gebeten, zu euch ins Haus zu kommen, aber sie kichern verlegen mit der Hand vor dem Mund und sagen: das mögen sie nicht. Also begebt euch zu ihnen.

Wie nehmen wir den Kontakt auf?

Legt euch irgendwo ins Gras, wo ihr euch wohlig entspannt und ein wenig müde werdet. Schließt die Augen und versucht wahrzunehmen, dass das Stückchen Erde unter euch zittert und bebt von Klatsch und Tratsch.

Da flüstern sich die Erdmännchen allerlei Neuigkeiten aus der Welt der Natur und auch der Menschen zu: wer wen wo geküsst hat, was an der nächsten Wegbiegung oder unten am Fluss geschehen ist, und sie tragen weiter, was sie von anderen gehört haben: Nachrichten aus der ganzen Region und auch von weiter her, interessante und belanglose gleichermaßen ohne Unterschied. Sie leben ganz in der Gegenwart, sie sind nur an aktuellen Neuigkeiten interessiert. Die Erinnerung spielt für sie keine große Rolle. Deshalb sind sie auch nicht nachtragend.

Schaltet euch ein und berichtet auch, was ihr gerade erlebt oder von der Nachbarin gehört habt. Ihr braucht es nicht auszusprechen, sondern nur sozusagen »laut zu denken«, das kriegen die Erdmännchen mit. Ihr werdet das Gefühl haben, immer mehr Erdmännchen kommen dazu und freuen sich: Der hat tolle Sachen zu berichten, die wir gleich weitererzählen werden. So macht ihr euch Freunde unter ihnen. Wenn ihr demnächst wieder spazieren geht, laufen sie unterirdisch mit und warten, bis ihr euch setzt und ihnen neue Informationen gebt.

Sie erzählen auch dichterisch erfundene Geschichten weiter. Sie sind – sozusagen – literarisch sehr gebildet. Sie lesen nicht in euren Büchern, aber wenn ein Mensch lesend im Grünen sitzt, können sie ihn gewissermaßen »anzapfen« und die Geschichte, die er in sich aufnimmt, mitbekommen. Schriftstellern können sie zu Ideen und interessanten Wendungen verhelfen – sie schöpfen ja aus einem riesigen Schatz von realen und erfundenen Geschichten. So entsteht mit der Zeit eine produktive Zusammenarbeit: Ihr erzählt ihnen, und sie erzählen euch.

Interessiert sie einfach alles oder haben sie Vorlieben?

Am liebsten haben sie Geschichten, in denen etwas glückt, gelingt, eine gute Wendung nimmt, wo z.B. Liebende zusammenfinden, drohende Gefahren abgewendet, Menschen gerettet, Missverständnisse aufgeklärt werden, kurz wo verfahrene Situationen zu einem guten Ende kommen. Das ist der Stoff, den sie mögen und schnellstmöglich überallhin verbreiten. Wenn ihr so etwas zu berichten habt, dann habt ihr sie schnell als gute Freunde. Also sucht euch ein Wiesenplätzchen, wo ihr euch immer wieder mit ihnen treffen könnt.

Aber zu uns ins Haus kommen sie nicht?

Nein, schon deshalb nicht, weil sie dort abgeschnitten wären vom Netz der Informationen. Sie wären dort nicht glücklich und würden euch auch nichts nützen.

Pflegen sie den Informationsaustausch auch mit Wurzelkindern und anderen Naturgeistern?

Ja, aber das gelingt nur in Maßen, weil die anderen nicht so an allem und jedem interessiert sind. Die mögen nur hören, was sie angeht und was wesentlich ist. Was wesentlich ist, liegt oft in der Vergangenheit. Zum Beispiel ist ein Ort eine heilige Stätte, weil da einmal ein heiliger Einsiedler gelebt hat. Die Erdmännchen der oberen Schicht interessieren sich aber wenig für Vergangenes.

Du sagtest: die Erdmännchen der »oberen Schicht«.

Ja, denen der Schichten darunter geht es gerade darum, die guten Erinnerungen zu bewahren.

Und die unguten?

Die filtern sie aus. Die zwölf Erdmänner im Innersten der Erde hüten das reine Goldlicht, das ganz und gar Heilige. Da gibt es überhaupt nichts Dunkles mehr. Übrigens gibt es deshalb keine dunklen Archetypen.

Wenn in der Gegenwart ein Heiliger auf der Erde lebt, interessiert das die Erdmännchen der oberen Schicht aber auch?

Natürlich, sie erzählen dann überall herum, was er jetzt wieder tut, wie er betet und meditiert, wie er sich ernährt, wie er ein Reh geheilt hat usw. – alles, was aktuell ist. Das Heilige, das in früheren Zeiten an einem bestimmten Ort geschehen ist, das hüten die Erdmännchen in der Schicht darunter. Sie bewahren die Erinnerung.

Deshalb ist es auch nicht so dramatisch, wenn Leute, die davon keine Ahnung haben, den Ort z.B. mit Schmierereien und Bierflaschen verunreinigen. Damit ist der Ort nicht entheiligt, weil das Heilige tiefer verwurzelt ist.

Gilt das Entsprechende auch umgekehrt für blutgetränkte Orte, z.B. für ein ehemaliges KZ, das jetzt zur Gedenkstätte geworden ist?

Dann interessiert die Erdmännchen, was die heutigen Besucher dort tun: Wollen sie z.B. das Geschehene nachempfinden, um sich an der Grausamkeit zu ergötzen? Das erzählen sie dann mit Schaudern.

Was sie aber begeistert ist, wenn Menschen etwas Lichtes daraus machen, wenn sie z.B. sagen oder denken: »Ich gelobe, ich will nie in eine solche Hörigkeit und Verantwortungslosigkeit fallen, sondern alles dafür tun, dass so etwas nie wieder geschieht!« Dann verbreiten sie die Kunde davon in Windeseile. Sie wird über die Region hinausgetragen und verbreitet sich in der ganzen Welt. Und die Erinnerung daran wird von den Erdmännchen der unteren Schichten für alle Zeit bewahrt und gehütet.

Haben die Erdmännchen der oberen Schicht, mit denen wir in Kontakt kommen können, Namen?

Sie geben sich selber Namen, und zwar solche, die sie der Menschenwelt abgelauscht haben und von denen sie meinen, dass sie bedeutsam klingen: z.B. Ottokar, Willibald, Gernot, Gotthold. Ein solcher Name gibt ihnen ein Gefühl erhöhter Wichtigkeit und lässt die anderen auf die Wichtigkeit ihrer Informationen schließen. Begegnet ihnen ein noch edlerer Name, nehmen sie diesen an, d.h. sie wechseln ihre Namen wie Kleidung.

Geben sie sich nie weibliche Namen?

Nein, weil sie immer männlich sind, so wie die Erdmütter oder Baumfrauen immer weiblich sind. Es gibt Naturgeister, in denen beide Geschlechter vertreten sind, z.B. Wichtel und Wurzelkinder. Aber die meisten sind entweder männlich oder weiblich.

Wie lautet das Motto der Erdmännchen?

»Wir nehmen an und geben weiter.« Das bezieht sich auf ihre Informationen und Geschichten. Die sind für sie wie Einatmen und Ausatmen.

NÄSSEN

[illegible]

Riesen

Riesen sind die Naturgeister der Berge, der Bergketten, der Gebirge, manchmal auch besonders hoher Sanddünen. Sie sind tatsächlich riesengroß und sehen so aus, wie sie in euren Märchen und Sagen beschrieben werden: dem liegen reale Beobachtungen zugrunde. Stellt euch einen überdimensionalen Schmied vor: athletisch, muskelbepackt, mit breitem Nacken, bullig, fest, als wäre er aus Eisen gegossen. Auch weibliche Riesen sind füllig, mit breiten Schultern, kräftigen Armen, großen Händen. Da spricht man von »Weibern« und meint das nicht herabsetzend, sondern respektvoll. »Mädchen«, »Frauen« oder »Damen« würde auf sie nicht passen. Ihr Gesichtsausdruck ist eher gutmütig, geduldig, langmütig, ein bisschen naiv, im Altdeutschen nannte man sie »tumb«.

Wenn man sie allerdings zum Zorn reizt, wirken ihre Gesichtszüge Furcht erregend, und sie können tatsächlich in gefährlicher Weise aus der Haut fahren. Dann muss es der Mensch aber über längere Zeit hin sehr weit getrieben haben, unter Umständen über Jahrhunderte und Jahrtausende hin.

Überhaupt sind sie in ihrer Zeitauffassung ausgesprochen langsam. Wenn sie sprechen, brauchen sie für einen Satz viele Minuten oder sogar Stunden. Treten sie untereinander in Kommunikation, dann sagt der eine vielleicht: »Hallo, geht es dir gut?«, und der andere antwortet nach zwanzig Jahren: »Ja, dir auch?« Sie sind deshalb sehr wortkarg und pflegen kaum Gemeinschaft. Sie verstehen schnell gesprochene Sätze auch gar nicht. Deshalb ist es sinnvoll, wenn ich (Agar) euch Rede und Antwort stehe und ihr sie nicht selbst befragt.

So langsam wie ihre Sprache sind auch ihre Bewegungen. Ihr habt den Eindruck, sie bewegen sich überhaupt nicht. Das tun sie schon, aber wegen der Kürze eures Lebens habt ihr kaum Zeit, das wahrzunehmen.

Was ist die Aufgabe der Riesen?

Sie hüten das Beständige und Verlässliche. Sie hüten die Berge und die Gegend um sie herum mit allem, was da kreucht und fleucht. Das werden eure Urenkel noch so vorfinden, es ändert sich, wenn überhaupt, nur sehr langsam. Das ist ja, was ihr an den Bergen so liebt, was an ihnen bedeutsam ist. Sie beschützen die Beständigkeit der Tradition, den Gleichmut, den langen Atem, den festen Grund, auf den man bauen kann. Das macht ihren Lebenssinn aus, das ist ihnen heilig.

Warum ist das heilig?

Weil darin die Verlässlichkeit des Vaters, seines »Ja« zur Schöpfung zum Ausdruck kommt. Als sich der Vater entschieden hat, die Schöpfung trotz seines Zornes über den »Fall« nicht zurückzunehmen, sondern auf ihre schlussendliche Heimkehr zu setzen, gab er damit ein Versprechen: dieser Beschluss ist nun unabänderlich und unabdingbar. Daran ist nicht zu rütteln. Da weicht und wankt er nicht, komme was da wolle.

Der Berg legt sozusagen Zeugnis ab für dieses »Ja« des Vaters zu seinen Geschöpfen. Deswegen spielt der Berg in den Heiligen Schriften eine herausragende Rolle. Denkt z.B. an den Berg Sinai, auf dem Gott den Bund mit den Menschen schloss und seine Gebote verkündete, an den Berg Tabor, wo Jesus sich schon vor seiner Auferstehung einmal in seinem Auferstehungsleib zeigte[11], an den Berg der Bergpredigt mit ihren Seligpreisungen, an den Berg Golgatha. Ein Bund zwi-

[11] siehe Alexa Kriele: *Wie im Himmel so auf Erden,* Bd. III S. 245 f.

schen dem Himmel und den Menschen wird immer auf Bergen besiegelt.

Deswegen stehen viele Kirchen auf Bergen; viele Menschen lieben es, in solchen Kirchen ihren Ehebund zu schließen. Und Bergsteiger haben das Gefühl: Hier oben erneuerst du dein inneres »Ja« zu deiner Gottverbundenheit, hier wird dir die Verlässlichkeit der Tradition klar, hier gewinnst du Festigkeit, Stabilität, Standhaftigkeit. Deshalb hat sich auch in der Psychotherapie der Rat, Bergwanderungen zu unternehmen, oft als sehr hilfreich erwiesen. Der Berg hat wirklich eine sehr tief greifende Wirkung. Seine Bedeutung wird von den Riesen gehütet.

Das ist der Grund, weshalb Menschen in der Bergwelt den Zugang zu den Riesen suchen sollten. Und deshalb ist es wichtig zu wissen, dass die Riesen von der Mutter auf die Erde zu den Bergen gesandt wurden, damit sie sie hüten.

Wie finden wir Zugang zu den Riesen?

Ersteigt sehr früh am Morgen einen Berg, höchstens von einem Bergführer begleitet. Beschränkt den Wortwechsel auf das Allernötigste, schweigt im Übrigen und haltet euch fern von allem, was die Ruhe unterbrechen könnte. Wenn es euch gelingt, von der Höhe aus den Sonnenaufgang zu erleben und euch dem in äußerer und innerer Stille ohne jeden Zeitdruck hinzugeben, dann erlebt ihr auch den Hüter dieses Berges. Ihr könnt dann wahrnehmen, wie er sich mit seinen Pranken schützend über den Berg beugt. Ihr spürt den Berg unter euch und den Riesen über euch. Und ihr spürt, was er da hütet und in wessen Namen und Auftrag er das tut.

Ist es den Riesen ein Anliegen, mit den Menschen in Kontakt zu kommen?

Nein, die Menschen sind ihnen ganz egal, Hauptsache, sie stören nicht. Der Berg ist dem Riesen heiliger als der Mensch – sie sind ja keine Engel. Wenn zu viele Menschen zu intensiv, zu lang anhaltend stören, dann bereitet das den Riesen schlechte Laune. Erfahrene Bergführer kennen ihre Stimmungen, sie warnen dann: »Der Berg zürnt.« Das kann für die Menschen ziemlich problematisch ausgehen. Das ist den Riesen so gleichgültig, wie wenn ihr Flöhe tötet, die euch juckende Stiche verpasst haben. Nichts gegen Flöhe, aber sie bezeichnen diese Menschen tatsächlich als Flöhe.

Empören wir sie durch Rad- und Wanderwege, Skipisten, Seilbahnen, Restaurants usw.?

Nein, die Riesen sind ja sehr langmütig und geduldig, und sie reagieren auch nur langsam. So etwas stört zwar die Ruhe und ist ihnen deshalb lästig. Sie empfinden es so ähnlich wie Flöhe oder die Krätze. Was sie aber zur Wut reizen kann, sind der Lärm, die Lautsprecher, die Geschwindigkeit und vor allem die Menge und die Gedankenlosigkeit der Menschen, die von dem Berg ohne die geschuldete Ehrerbietung profitieren.

Dann sehen sie die Würde des Berges verletzt und damit die Würde des »Ja«, das Gott zur Schöpfung sagt. Diese Würde ist es, die sie heilig halten, und sie reagieren empfindlich auf die Ehrfurchtslosigkeit der Menschen. Nach ihrem Empfinden sollte eine Bergbesteigung für euch so etwas wie ein Gottesdienst sein. Und eigentlich sollte man auf Bergen keine anderen Bauwerke errichten als Kapellen, Gipfelkreuze oder Statuen der Mutter Gottes. So etwas lieben sie.

Nehmen sie Straßen und Tunnel hin?

Es ist jedenfalls ratsam, den Bau mit ihnen abzusprechen, zu erklären, warum er für die Menschen nötig ist, und hinzufügen, dass einem das Leid tut und man sich dafür entschuldigen möchte. Für die Riesen ist der Berg ein lebendiges Wesen, das sich zwar nur sehr langsam bewegt, aber sehr unangenehm reagieren kann, wenn man rücksichtslos mit ihm umgeht. Sie sind die Beschützer des Berges: Wenn ihr dem Berg etwas antut, ohne es abgesprochen zu haben, kriegt ihr es mit ihnen zu tun, und sie sind in ihrer Macht und Gefährlichkeit nicht zu unterschätzen.

Haben Riesen Namen, mit denen wir sie rufen können, wie z. B. Rübezahl?

Rübezahl ist tatsächlich ein Berggeist des Riesengebirges und ein schönes Beispiel dafür, dass Menschen die Riesen durchaus wahrnehmen können. Allerdings sind die meisten Geschichten, die von ihm erzählt werden, fantasievolle Erfindungen. Aber normalerweise lassen sich Riesen überhaupt nicht rufen. Ihr müsstet auch stundenlang brüllen. Lasst das lieber.

Können wir uns denn einen Riesen auf keine Weise zum Freund machen?

Doch, das geht schon, wenn ihr die Berge ehrt und achtet, die Kräfte der Natur würdigt und euch nicht einbildet, ihr seid stärker als sie – andernfalls werden sie euch an eure Kleinheit erinnern. Ferner ist nötig, dass ihr in euren Bewegungen und in eurer Sprache langsamer werdet, dass ihr tief und gründlich atmet, beim Sprechen die Tonlage und die Lautstärke senkt, nur das sagt, worauf es wirklich ankommt, was wohl überlegt ist. Vor allem übertreibt und überzeichnet nichts. Das ist die Voraussetzung dafür, dass euch ein Riese überhaupt als nett, angenehm, in seine Welt passend wahrnimmt.

Wenn ihr euch das jahre- oder jahrzehntelang zur Gewohnheit gemacht habt, dann bekommt ihr Zugang zu dem »Ja« Gottes zu seiner Schöpfung und damit eine innere Gewissheit, Stabilität und Beständigkeit, die der des Berges gleichkommt. Dann wird der Riese euch zum Freund werden. Dann seid ihr für ihn nicht mehr nur »irgendwer«, nicht nur »Flöhe«, sondern Menschen, die sie mit behüten. Schon mancher Riese hat einem solchen Menschen, der sich etwa in den Bergen verstiegen hat, den Weg aus einer gefährlichen Situation heraus gewiesen oder darauf geachtet, dass er nicht von einem Steinbrocken erschlagen wird. Riesen sind Freunde der Menschen, die von Ehrfurcht erfüllt sind, die die Würde des Berges achten und die sich in der Bergwelt mit dem nötigen Respekt bewegen.

Wie lautet das Motto der Riesen?

»Das ›Ja‹ des Vaters zur Schöpfung ist gewiss.« Und auf die Menschen bezogen: »Auf ein ›Ja‹ solltest du dein Leben bauen.«

Trolle

Auch Trolle sind weit größer als ein Mensch. Sie sind aber nicht an Berge gebunden, sie bewegen sich frei. Sie sind eher unangenehm anzuschauen: dürr, hager und schlacksig, mit wenig Muskeln, fast als bestünden sie aus Holzstücken mit Gelenken dazwischen, also wie riesige Marionetten. Ihr Gesicht wirkt unfreundlich mit großen Glubschaugen und einem ständig suchenden Blick. So staksen sie durch die Wälder wie die Störche durch den Salat und schauen: Wo ist der Nächste, der uns missfällt?

Was suchen sie denn?

Sie schauen sich um nach Menschen, die sich selbst überschätzen oder unterschätzen, die das ihnen angemessene Maß nicht respektieren. Besonders ärgern sie die Überheblichen, die sich groß und wichtig dünken. Die packen sie sozusagen am Schlawittchen – so würde ein Karikaturist sie zeichnen. Das heißt, sie sorgen dafür, dass dem Selbstgewissen alles schief geht: seine Arbeit misslingt, der Computer stürzt ab, das Portemonnaie geht verloren, die Sachen fallen runter und so fort, sodass der Betreffende sich sagt: »Ich kann noch nicht einmal eine Tasse aus dem Schrank holen, ohne dass sie kaputtgeht, was bin ich für ein kleiner Wicht!« Das ist der Effekt, um den es ihnen geht und mit dem sie ihren Ärger zu stillen versuchen.

Kommen sie denn in die Häuser, um da etwas anzurichten?

Nein, da passen sie nicht hinein. Sie können aber von außen mit ihren dünnen knochigen Armen durchs Fenster greifen und die Stromleitungen verwuseln oder das Rohrleitungssystem kaputtmachen.

Warum regen sie sich so auf?

Sie haben sich immer noch nicht damit abgefunden, dass es den Sündenfall gegeben hat, der seine Wurzel im Hochmut, in der Selbstüberschätzung hatte. Dass das hat geschehen können, ist ihnen so was von peinlich, dass sie ständig das Gefühl haben, sie seien mitverantwortlich und müssten andere, die derselben Untugend verfallen sind, zur Rechenschaft ziehen. Ihre Stimmung ist so, als riefen sie dem Himmel zu: »Es tut uns so unendlich leid, dass es diese Wurzel allen Übels immer noch auf der Erde gibt. Das ist schrecklich! Das sollte wirklich nicht mehr sein. Wir tun alles, um diese Versager zu finden und zu korrigieren. Aber es gibt sie immer und immer wieder. Entschuldigung, Entschuldigung, Entschuldigung!«

Und was missfällt ihnen an einem, der sich zu gering einschätzt?

Der traut sich nicht zu, was er eigentlich könnte, und erfüllt seine Lebensaufgaben nicht. Dem spielen sie auch Schabernack, aber nicht, weil sie denken, sie würden ihn damit korrigieren, sondern nur, weil sie sich über ihn ärgern. Sie möchten ihn am liebsten anschreien: »Kerl, hast du vergessen, dass du Gottes Ebenbild und Gleichnis bist?«

Wie gehen sie mit einem Menschen um, der das rechte Maß gefunden hat?

Der ist für sie ein Held, er hat nicht teil an der Verletzung der Schöpfung. Er ist ein Labsal für sie. Es genügt schon, wenn einer sich ernstlich um das rechte Maß bemüht hat und nun überwiegend und im Großen und Ganzen in der rechten Mitte lebt. Der findet in ihnen Fürsprecher beim Himmel: »Wir haben einen gefunden.« Das ist dann ganz entzückend. Sie stehen ihm auch auf Erden hilfreich zur Seite und tun alles, damit ihm seine Vorhaben gelingen. Aber wehe so einer verliert durch Glück und Wohlstand wiederum das rechte Maß, dann ist das für sie ganz schlimm, dann fühlen sie sich ausgenutzt und hereingelegt. Dann haben sie kein Vertrauen in seine Korrigierbarkeit mehr, dann wollen sie es ihm nur noch heimzahlen. Der hat es dann gar nicht mehr gut.

Wie gehen sie denn miteinander um?

Wenn ihre Wege sich kreuzen, dann erzählen sie einander, wen sie in ihrem Gebiet so alles erwischt und was sie mit ihm angestellt haben und amüsieren sich darüber. Hat aber einer von ihnen einen »Helden« gefunden, d.h. einen, der im rechten Maß lebt, dann kommen ganze Trollgemeinschaften zusammen und feiern ein Freudenfest. Da erzählt dann jeder, wann er auch einmal einen gefunden hat, der ein Held war und es bis zum Ende geblieben ist: »Für den hat es sich gelohnt.« Wer so etwas zu erzählen hat, gilt als ein besonderer Troll. Das ist, als wäre er mit einem Orden ausgezeichnet. Das motiviert dann alle, sich wieder auf die Suche zu begeben.

Wie lautet ihr Motto?

»Alles wird offenbar.« Das ist dann auch eine Botschaft für die Menschen. »Passt bloß auf, wie ihr lebt. Wir sind überall, wir finden euch immer, wir durchschauen euch. Seht euch vor.«

Dann sagen wir jetzt »danke«!

Also, ein Troll, der von außen zugehört und durchs Fenster hereingeschaut hat, sagt auch »danke«, aber mit doppeldeutigem Unterton und drohendem Zeigefinger.

Zwerge

Zwerge und Wichtel werden häufig miteinander verwechselt, sie bilden aber zwei verschiedene Familien. Beginnen wir mit den Zwergen.

Zwerge wohnen weder unter noch über der Erde, sondern in Hohlräumen, von denen aus sie Zugang zur Erdoberfläche haben, z.B. in Felsspalten, Felsüberhängen, Schluchten, Nischen, Ritzen, Erdlöchern. Ihr findet sie deshalb vorzugsweise in bergigen oder zumindest hügligen Gegenden, hier in eurer Umgebung z.B. in und um die Mariengrotte bei Bromatsreuthe. Sie bilden ein lustiges Völkchen.

Wie sehen sie aus?

Sie sind däumlingsgroß bis höchstens ellenlang. Arme und Beine erscheinen euch ein bisschen zu kurz, Kopf und Hände im Verhältnis dazu zu groß.

Das Wort »niedlich« mögen sie zwar nicht, aber so wirken sie auf Menschen. Sie haben sehr ausgeprägte Nasen, Backenknochen, Augenbrauen, Münder, der Gesichtsausdruck ist gar nicht kindlich, sondern eher alt und weise – mit faltiger, fast ledern wirkender Haut, das Haar weiß, buschig, ungepflegt. Die Frauen binden es zu Zopf oder Knoten, die Männer schneiden ihre Bärte nie. Diese wachsen zwar nur sehr langsam, aber über die Jahrhunderte reichen sie doch bis zum Erdboden.

Heiraten sie, haben sie Kinder?

Nein. Sie haben einen männlichen oder weiblichen Wesensausdruck, aber nicht ein physisches Geschlechtsleben wie ihr. Es gibt keine Zwergenkinder. Wenn sie von der himmlischen Mutter zur Erde kommen, wirken sie wie bei euch ein Zwanzigjähriger. Sie bilden aber manchmal eheähnliche Paare, d. h. sie wohnen gemeinsam und kümmern sich umeinander. Meist aber leben sie in Gruppen von bis zu zwölfen. Manche haben die Marotte, als Einsiedler leben zu wollen, die sind dann nicht so liebenswürdig und fröhlich.

Wie sind sie gekleidet?

Sie tragen ein Wams oder einen Umhang wie aus Baumblättern mit einem Gürtel wie aus Gras. Die Farben sind dem Erdboden angeglichen – in braunen, grünen, grauen, rötlichen Schattierungen. Wenn ihr sie malen wollt, dann am besten wie ein Suchbild, wo ihr erst beim genauen Hinsehen die Gestalten entdecken könnt.

Tragen sie Mützen?

Manche ja, aber nicht spitze Zipfelmützen, sondern Kappen; die Frauen manchmal einen Haarschmuck.

Wie finden wir Kontakt zu den Zwergen?

Das Erste ist, dass ihr euch klein macht. Stellt euch also vor, ihr seid däumlingsgroß, und lasst auch das Gefühl von geistiger Größe und Wichtigkeit fahren. Begebt euch wirklich auf ihre Ebene, begegnet ihnen auf gleicher Augenhöhe.

Das Zweite ist, dass ihr zu ihnen hingeht. Sucht sie dort, wo ihr viele kleine Höhlen im Gestein findet, wo es vielleicht einmal einen Bergrutsch oder Steinschlag gegeben hat, setzt euch dort nieder, wartet, bis es dunkle Nacht wird und fürchtet euch möglichst nicht. Macht kein Licht! Die Zwerge sind scheue Gesellen und lassen sich nicht gerne erblicken. Ihr werdet sie viel leichter hören als sehen können. Ihr hört sie vielleicht wispern, flüstern, knacken, grummeln, etwas vor sich hinsagen, sich hin und her bewegen.

Das Dritte ist, dass ihr euch auf etwas besinnt, das ihr als etwas Heiliges im Herzen tragt: z. B. einen heiligen Satz, einen Heiligen, den ihr verehrt, eine große Liebe, eine Beziehung zum Himmel, also nicht euren Besitz, euer Auto, eure Leistungen oder so. Wenn es wirklich etwas Heiliges ist, dann können die Zwerge es wahrnehmen. Dann fassen sie Vertrauen und sagen sich: Der ist ja wie wir, der hütet einen heiligen Schatz.

Dann seid auch ihr in der inneren Verfassung, in der ihr wahrnehmen könnt, wenn sie mit euch ein Gespräch beginnen. Sie verraten euch, welchen heiligen Schatz sie hüten, und bitten euch, von eurem Schatz zu erzählen. Wenn ihr darauf keine Antwort wisst, dann sind sie – husch, husch – verschwunden und lassen sich nicht mehr finden.

Also ihre Aufgabe ist, Schätze zu hüten?

Ja, darin besteht ihr Leben. Sie sind bereit, euch davon zu erzählen, aber das tun sie nur, wenn ihr auf sie zugeht. Sie kommen nicht von sich aus zu euch, sie sprechen auch nicht mit euch, wenn nicht auch ihr zwergenhaft werdet und einen heiligen Schatz hütet.

Ich kann aber einmal versuchen, einige Zwerge aus eurer Umgebung herbeizurufen, sodass ihr sie selbst befragen könnt. Ich weiß nicht, ob es gelingt, sie gehen ungern in die Häuser. Aber sie kennen mich, haben Vertrauen zu mir, und wenn ich ihnen sage, dass sie auch zu euch Vertrauen haben können, dann lassen sie sich vielleicht herbeibitten … Ja, sie sind da.

Danke, dass ihr gekommen seid!
(Wir berichten von unseren heiligen Schätzen.)
Und was hütet ihr?

Ja, wir hüten die Mariengrotte. Zwerge hüten immer einen Schatz. Manche hüten bestimmte Quellen, Brunnen, Teiche, Seen, Schlösser, besonders schöne Gärten oder Täler oder Wege oder Haine, vor allem heilige Stätten, z.B. Marienerscheinungsorte oder Kreuzwege, Kapellen, Friedhöfe, Gedenktafeln oder Kruzifixe in der Landschaft. Es können auch besonders wertvolle Steine sein oder wichtige Wege und Stege oder Kreuzungen, manchmal auch bestimmte Tiere und Pflanzen.

Es sind immer Dinge oder Worte oder Orte, an denen durch irgendeinen Vorgang der Himmel einen besonderen Zugang zur Erde gefunden hat und die die Kraft einer heiligen Schwingung ausstrahlen.

Wovor behütet ihr sie?

Wir suchen sie vor jeder Art von Entweihung zu schützen, vor Missbrauch, respektloser, rücksichtsloser Behandlung, vor Verletzung ihres heiligen Eigenwerts.

Wie könnt ihr sie beschützen?

Wir können natürlich unwissende brutale Menschen nicht an ihrem Zerstörungswirken hindern. Wir können aber zweierlei tun: Wir unterstützen und verstärken die lichten Schwingungen des Ortes und vergrößern damit die Chance, dass gewissenhafte Menschen sie wahrnehmen und sich respektvoll verhalten.

Und wenn es trotzdem zu Beeinträchtigungen gekommen ist, die nicht auf eine Totalzerstörung hinauslaufen, dann wirken wir heilend und pflegend. Angenommen, da liegen Bierflaschen und Speisereste herum, dann sorgen wir dafür, dass die heilige Ausstrahlung des Ortes trotzdem erhalten bleibt oder wiederhergestellt wird.

Wie macht ihr das?

Einfach, indem wir mit liebevollem Blick anwesend sind. Hüten heißt für uns nicht einzäunen oder etwa düngen, gießen, herrichten usw., sondern beobachtend begleiten, wie wenn ihr einen Tierfilm dreht, da greift ihr auch nicht ein. Wir schauen auf das Gehütete einfach hin und sagen ihm, wie schön es ist, wie prachtvoll es heute wieder aussieht, wie heilig es wirkt – und das Tag für Tag, in geduldiger Wiederholung. Wir erkennen seine Schönheit, seine Größe, seine Würde und bringen auch zum Ausdruck, dass wir das zur Kenntnis nehmen – wie eine Mutter, die ihr Kind anlächelt. Mehr ist nicht zu tun, das ist unser Alltag. Das erfordert nicht viel Aktivität, aber viel Geduld und Ausdauer.

Gibt es da keine Unterbrechungen, keine Freizeit?

Doch, für die Allermeisten von Sonnenuntergang bis zum Sonnenaufgang. Da übergeben wir alles, was wir hüten, dem Frieden der Nacht, da schläft dann alles.

Es kommt aber auch vor, dass ein Zwerg die Nacht über wach bleibt und z. B. den Schlaf eines Kindes hütet, um es vor Albträumen zu bewahren. Er blickt dann liebevoll auf das Kind, das von schlechten Träumen bedroht ist, setzt sich hin und liebt das Dunkel weg. Dieses hat dann keine Möglichkeit mehr, das Kind anzugreifen. So etwas gibt es, wenn ihr euch die Zwerge zu Freunden gemacht habt.

Wie können Menschen euch zu Freunden machen?

Das können nur Menschen tun, die selbst einen Schatz hüten und die deshalb verstehen, was das heißt. Guten Zugang zu uns haben z. B. Verliebte: Da hütet der eine den anderen als seinen Schatz, ebenso Eltern, die ein Kind hüten, oder Menschen, die einen Alten oder Pflegebedürftigen im Rollstuhl fahren. Ein erster Kontakt kann sich aber schon herstellen, wenn ein Mensch durch den Wald geht und dabei eine liebe Erinnerung hütet; er denkt z. B. an etwas Schönes: einen Garten, eine Begegnung, eine Musik, die er vor sich hinträllert. Besonders herzlich wird der Kontakt zu Menschen, die die himmlische Mutter verehren und als ihren Schatz im Herzen tragen.

Denn wenn wir uns auf den Himmel ausrichten, dann geht unser Blick zur Mutter: Himmel heißt für uns – wie für alle Naturgeister – die himmlische Mutter. Nur durch sie haben wir eine mittelbare Beziehung zum Herrn Jesus Christus und zum Vater. Von Engeln und Heiligen haben zwar manche von uns gehört, wir nehmen sie aber nicht wahr. Wenn ein Mensch die himmlische Mutter kennt und liebt, dann ist das eine gute Voraussetzung dafür, dass er uns zum Freund wird.

Was können wir tun, dass eine solche Freundschaft entsteht?

Was wir verlangen, ist Treue über Jahr und Tag. Das bedeutet: Den Ort, wo ihr die Zwerge kennen und lieben gelernt habt, besucht immer wieder, jeden Monat oder noch besser jede Woche, um den Kontakt zu pflegen. Wenn ihr das ein ganzes Jahr lang und dann mindestens noch einen Tag getan habt, dann haben wir Vertrauen und schenken euch unsere Freundschaft.

Dann könnt ihr um etwas bitten, vielleicht sogar, dass einer von uns mit euch nach Hause kommt und dort den Schlaf eures Kindes hütet. Das geht natürlich nur, wenn er abkömmlich ist, d.h. wenn das, was er bisher gehütet hat, von anderen gehütet wird. Und ihr solltet ihm zunächst erzählen, was ihn bei euch zu Hause erwartet, wie es da aussieht und wie gemütlich es da ist. Wenn ihn das nicht anspricht, kommt er nicht mit, und wenn er sich bei euch nicht wohl fühlt, geht er wieder.

Was können wir tun, damit er sich wohl fühlt?

Zunächst ist wichtig, dass ihr ihn nach seinem Namen fragt. Dann braucht er einen Wohnplatz, in den er sich verkriechen kann, am liebsten eine kleine Höhle aus Wurzelbögen. Drittens braucht er Ruhezeiten, vor allem ab Sonnenuntergang, wo weder Radio noch Fernsehen noch sonst etwas zu hören ist und auch kein Licht brennt. Viertens halten wir es nur bei Menschen aus, die nicht von hektischer Betriebsamkeit angetrieben, sondern gleichmütig und geduldig sind und die längere Zeit in aller Ruhe und Beschaulichkeit dasitzen können. Fünftens mögen wir Holz und alles Natürliche, mit Plastikblumen werdet ihr den Zwerg sofort vertreiben. Dazu gehört sechstens auch, dass wir es lieben, wenn ihr singt oder musiziert, nicht aber wenn Musik aus Apparaten ertönt. Und schließlich wäre es schön, wenn ihr öfter mal Märchen oder Geschichten aus fernen Ländern oder sonst etwas Schönes erzählt.

Wird der Zwerg dann auch bei uns einen Schatz hüten?

Er wird nur bleiben, wenn er sich bei euch wohl fühlt. Wenn er dann ein Jahr und einen Tag lang geblieben ist, dann könnt ihr ihn bitten, bestimmte Dinge, die euch besonders wertvoll sind, in seine Hut zu nehmen, z. B. die Schublade mit den Liebesbriefen oder das Schmuckkästchen oder ein kostbares Bild oder das Zimmer, wo ihr betet und meditiert. Ihr könnt ihn dann auch fragen, ob er nicht gern noch andere Zwerge herbitten möchte, damit er sich noch wohler fühlt, und ihn ausrichten lassen, dass sie herzlich eingeladen sind.

Dann sitzt so ein kleiner Freund in eurer Wohnung, schaut den lieben langen Tag an, was er zu hüten übernommen hat, und sagt immer wieder: »Wie schön bist du, wie großartig, wie einzigartig, welch ein Ort der Kraft und der Heiligkeit!« So etwas wird er übrigens auch zu euch sagen, und ihr werdet sehen, wie gut euch das tut. In gleicher Weise kann der Zwerg auch von seinem Menschen-Freund gehütet werden. So werdet ihr Freunde werden und es miteinander gut haben.

Wir verständigen uns jetzt auf Hochdeutsch. Wie sprecht ihr untereinander?

Wenn wir untereinander reden, könnt ihr nicht folgen. Wir sprechen einen für eure Ohren sehr altertümlichen Dialekt – mit uralten Worten, Wendungen, Redensarten und Satzkonstruktionen, die ihr nicht mehr kennt. Wir haben die Entwicklung, die eure Sprache über Jahrhunderte und Jahrtausende durchlaufen hat, nicht mitvollzogen. Wir werden aber in einer für euch verständlichen modernen Hochform der Sprache geschult, damit die Kommunikation mit den Menschen jederzeit möglich sein soll, auch wenn wir nur selten Gelegenheit haben, davon Gebrauch zu machen. Wir drücken uns also nicht nur wie die Engel in Gedanken aus, die in jede beliebige Sprache gedolmetscht werden können, sondern wir können uns in den deutschsprachigen Gegenden auf Hochdeutsch verständlich machen, in anderen Gegenden auf Französisch oder Italienisch usw. Allerdings beherrschen wir eure Dialekte nicht. Wir können auch der gehobenen Sprache eurer Literatur oder Wissenschaft nicht ohne weiteres folgen.

Wird euch das, was ihr hütet, von einem König zugewiesen?

Nein, jeder Zwerg sucht sich selber aus, was er hüten will, er ist darin völlig frei. Zwerge haben keine Königreiche. Sie sind deshalb auch nicht an eine Region gebunden. Es gibt Zwerge, die wandern über die ganze Welt. Sie werden dann sehr geschätzt, denn sie können wunderbare Geschichten erzählen: aus Russland, aus China usw.

Gibt es bei euch überhaupt keine Hierarchie?

Nun, die älteren Zwerge werden von den jüngeren sehr verehrt, sie haben viel gesehen, viel Erfahrung, gelten als weise und verehrungswürdig. Der ältere Zwerg wird also von den Jüngeren gehütet, dieser hütet den noch älteren und so immer fort. Diese Kette führt dazu, dass es irgendwo auf der Welt den allerältesten gibt, dieser ist dann gewissermaßen der Oberzwerg. Aber das bedeutet nicht, dass er ein König mit Befehlsgewalt wäre, sondern nur, dass er der würdigste ist.

Wie alt werdet ihr Zwerge denn?

Viele hundert Jahre. Die ältesten sind etwa zweitausendeinhundert Jahre. Das bedeutet, dass sie noch Lebensgefährten Jesu waren und jetzt das Erscheinen Christi in der Erdenaura miterlebt haben.[12]

Das gibt es, aber dann ist das Maß erreicht, dann kehren wir zur himmlischen Mutter zurück. Dieses Maß hat tatsächlich mit dem Rhythmus zu tun, in dem Christus in die Erdenaura eintaucht.

Wird auch das Turiner Grabtuch von einem Zwerg gehütet?

Ja natürlich.

Von einem Zwerg, der damals dabei war und das Grabtuch ständig begleitet hat?

Das ist richtig, aber mehr sagen wir nicht dazu. Wenn ihr Näheres darüber wissen wollt, solltet ihr versuchen, den Hüter des Grabtuches selbst zu erreichen, das setzt aber eine große Vertrautheit mit uns voraus. Eigentlich solltet ihr dann die ganze Kette von den Alten zu den noch Älteren zurückgehen und immer weiter hinauf empfohlen werden. Das geht aber nur, wenn ihr selbst von Zwergen gehütet werdet. Denn nur ein solcher Mensch kann in unserem Sinn ein König sein, und nur ein »König« findet Zugang zu den allerehrwürdigsten Zwergen.

Werden alle menschlichen Könige von Zwergen gehütet?

[12] siehe Alexa Kriele: *Wie im Himmel so auf Erden,* Bd. IV, S. 211–221.

Nein, nur diejenigen, die in einem himmlischen Sinn wirklich Könige sind, d.h. die weise und gerecht regieren. Wer durch Erbfolge oder Wahl zum König geworden ist, aber diese Bedingung nicht erfüllt, ist für uns kein König. König ist, wer von Zwergen gehütet wird, und wir hüten nur, wer dessen würdig ist. Denn unser Lebensmotto ist ja, dass wir Schätze hüten.

Kann man diese Gedanken in einem Motto zusammenfassen?

Ja, unser Motto lautet: »Ohne Zwerg kein König.« Das bedeutet: Es mag ein Mensch noch so viel Macht in den Händen haben, wenn er sein Amt nicht weise und gerecht verwaltet, wird er von uns nicht gehütet und ist dann nicht wirklich ein König.

WICHTEL
(»DIE KLEINEN LEUTE«)

Wichtel sind die Naturgeister, die den Menschen am nächsten stehen. Sie suchen die Gemeinschaft mit Menschen, ahmen sie nach, lernen von ihnen, pflegen Freundschaften mit ihnen. Euch sind sie vertraut als die Erzähler der Naturgeistergeschichten, die ihr herausgegeben habt, die meisten dieser Geschichten handeln auch von Wichteln.[13]

Auch ich (Agar) gehöre zu den Wichteln. Was euch für eure früheren Bücher über Naturgeister schon beigebracht wurde, handelt überwiegend von Wichteln.[14] Ich kann euch natürlich auch über andere Naturgeister unterrichten, sonst wäre ich kein Lehrer. Wenn ihr wollt, kann ich das Wichtigste über die Wichtel noch einmal zusammenfassen.

Danke, Agar. Magst du zunächst für unsere Leser das Aussehen der Wichtel beschreiben?

Wichtel sehen aus wie kleine Menschen, nur dass Arme und Beine von der Proportion her ein bisschen länger und dünner sind als eure. Sie gehen euch etwa bis zum Knie und wirken auf Menschen so richtig knuddelig. Ihre Gesichter sind bei den Jüngeren hübsch, glatt, zart und sanft, bei den älteren ein wenig knorrig, kauzig, zerfurcht, sodass ihr den Eindruck von sehr ausgeprägten Typen habt. Die Hautfarbe ist dunkler als

13 siehe Alexa Kriele: *Naturgeister erzählen.*

14 siehe Alexa Kriele: *Wie im Himmel so auf Erden,* Bd. I S. 110; 116–125; 186–193; 287–292; Bd. IV S. 178–191.

eure, sie geht etwas ins Bräunliche. Sie kleiden sich in sehr altertümlichen Wämschen, Kniebundhosen und Barette, die Frauen in Gewänder, die lange Falten werfen, und Kopftücher. Wir kleiden uns also so, wie wir es bei den Menschen vergangener Jahrhunderte gesehen haben: meist karg und streng, mitunter aber auch vielfarbig und sehr verspielt mit Farbkombinationen, die euch heute verrückt erscheinen könnten. Wir sind darin völlig frei und wählen, was uns gefällt. Wir brauchen ja nichts zu kaufen, wir brauchen uns nur zu wünschen, wie wir für euch in Erscheinung treten wollen.

Wo leben die Wichtel?

Überall auf der ganzen Erdoberfläche, in Wäldern, in Steinformationen, im Unterholz, auf Lichtungen, aber auch in von Menschen besiedelten Gegenden, auch in Dörfern und Städten. In den Häusern wohnen sie in gemütlichen Ecken. Ihr solltet immer damit rechnen, dass sie euch bei all euren Tätigkeiten zusehen. Oft imitieren sie eure Bewegungen, kommentieren sie und machen ihre Witzchen. Manche Wichtel interessieren sich sehr für eure technischen Apparate und Maschinen und schlüpfen in sie hinein.

Wichtel leben in Gemeinschaften?

Ja, fast alle leben in Familien. Es gibt nur selten unverheiratete Sonderlinge, z.B. wandernde Wichtel oder Lehrer wie ich einer bin. Die Familien bilden Großfamilien und diese größere Gemeinschaften. Die ganze Erdoberfläche ist in kleine Königreiche eingeteilt.

Welche Machtbefugnisse hat der König?

Der König setzt keine Zwangsgewalt ein; das Volk ordnet sich ihm freiwillig unter. Es gibt auch keine Grenzstreitigkeiten, sondern der territoriale Bereich ist friedlich abgesprochen und wird von allen respektiert. Es kann auch jeder Wichtel, dem es aus irgendwelchen Gründen in seinem Königreich nicht gefällt, in ein anderes überwechseln, er wird dort immer freundlich aufgenommen.

Der König ist für sein Volk so etwas wie ein guter Vater für seine Familie. Er genießt eine natürliche Autorität, denn er ist König von Gnaden der himmlischen Mutter. Der König und das Volk wissen: Das hat die Mutter so bestimmt. Das wird nie in Frage gestellt; er ist als Nachfolger des königlichen Geschlechts auf die Welt gekommen. Widersetzlichkeiten würden empfunden werden, als wären sie gegen die himmlische Mutter gerichtet. So etwas gibt es nicht.

Es gibt auch keinen Anlass dazu. Würde ein König nicht gut regieren, nicht genug wissen, nicht weise, freundlich und liebenswürdig sein, dann bliebe er zwar der König, aber sein Volk empfände ihn dann nicht mehr als ehrwürdig und liefe ihm davon. Das spräche sich herum und wäre eine peinliche Geschichte. Schon deshalb wird der König alles tun, um sein Reich in gutem und glücklichem Zustand zu halten. Er tut es aber vor allem, weil sein Volk für ihn wie eine große Familie ist. Der Familiengedanke ist den Wichteln heilig.

Wie bilden sich denn Familien, wie kommt es zu Kindern?

Also zunächst: Naturgeister sind Geistwesen, sie haben so wenig eine materielle Existenz wie die Engel. Es gibt nicht so etwas wie Zeugung, Schwangerschaft und Geburt, es gibt ja keine körperliche Inkarnation. Auf die Welt kommen bedeutet, dem Wunsch der Mutter gehorchen.

Wichtelmann und Wichtelfrau tun sich zusammen und beschließen, eine Familie zu gründen, einfach weil sie sich mögen. Es gibt nicht so etwas wie »amour passion« mit all dem dramatischen Hin und Her, den Zweifeln und Aufregungen. Es wird auch keine Hochzeit gefeiert. Die zwei haben sich einfach lieb und erbitten ihre Kinder vom König, dieser erbittet sie von der Mutter. Es ist nichts weiter erforderlich, als dass die Eltern ein Bettchen bereitet haben, so eine ovale Wiege wie eine Nussschale. Wenn das fertig ist, dann liegt am anderen Morgen das Kind drin.

So einfach entstehen Familien, und zwar immer große Familien mit vielen Geschwistern, und die Eltern bleiben sich immer treu. Sie lehren und erziehen ihre Kinder und pflegen enge Beziehungen mit den Familien ihrer Umgebung und mit ihrer Großfamilie.

Haben die Wichtel Namen?

Ja, den bekommen sie von ihren Eltern, und den ändern sie nie, den tragen sie mit Stolz wie der König seine Krone. Die erste Hälfte des Namens ist der des Königreichs, die zweite denken sich die Eltern aus und wählen einen, den sie schon mal gehört haben und der ihnen gut gefällt. Also in eurer Gegend beginnen die Namen der Wichtel mit »Uri«, und dann folgt der individuelle Name z.B. »Uri-Nom«.

Haben die Wichtel also Individualität?

Oh ja, jedenfalls in dem Sinn, dass sie sich selbst treu bleiben und sich ihrer Identität bewusst sind. So etwas lernt ihr ja schon von Tieren, die ihr euch zu Freunden gemacht habt, z.B. von eurem Hund. Die Individualität der Naturgeister ist aber weit ausgeprägter als die der Tiere. Sie bleibt über ihr Sterben hinaus erhalten, während die der Tiere sich in der Gruppenseele auflöst.

Wie sterben sie?

Sie sterben, indem sie einfach zu Füßen der Mutter zurückkehren. Das tun sie, wenn sie einige Jahrhunderte lang, so etwa bis zu tausend Jahren, ihre Aufgabe erfüllt haben und finden, ihre Zeit ist zu Ende, es ist vollbracht, oder wenn ihnen der Lebensraum zubetoniert oder sonst entzogen ist und sie keine Lust mehr haben, anderswo neu anzufangen. Dann sagen sie das dem König, und wenn der zustimmend nickt, dann gehen sie einfach.

Was ist denn ihre Aufgabe auf Erden?

Es geht darum, die fröhliche, harmonische, liebende Familiengemeinschaft zu leben. Das tun sie in ihren kinderreichen Familien, in der Großfamilie, in ihren Nachbarschaften, in größeren regionalen Gemeinschaften und in ihrem Königreich, dessen König ihnen ein guter Vater ist. Sie tun das im Bewusstsein, dass sie damit ein himmlisches Prinzip auf Erden repräsentieren: die heilige Familie – Josef, Maria, Jesus –, aber auch die göttliche Gemeinschaft von Vater, Mutter und Sohn. Familiengemeinschaft ist für sie der Inbegriff der vom Himmel durchstrahlten Freude und des Glücks.

Das ist für sie nicht eine Frage der Moral mit ihrem Richtig oder Falsch, sondern der Erfahrung: Man fühlt sich besser, wenn man in der Familiengemeinschaft miteinander arbeitet, lacht, singt und Feste feiert, als wenn man gegeneinander konkurriert, seine individuellen Interessen verfolgt, sich streitet, anschreit und schlägt. Sie leben vor, wie glücklich man in der Familiengemeinschaft ist.

Was für Feste feiern sie? Gehören auch die religiösen Feste dazu?

Sie feiern die Feste der Religion ihrer Region – in euren Breiten also die christlichen Feste. Sie haben euch ja z. B. erzählt, wie einfallsreich und innig sie Weihnachten feiern.[15] Wenn sie in anderen Breiten die dort üblichen religiösen Feste mitfeiern, so bedeutet das nicht, dass sie den Bezug zur himmlischen Mutter und – durch sie vermittelt – zum Vater und zum Sohn verloren hätten. Gerade die Wichtel spiegeln und vertre-

[15] siehe Alexa Kriele: *Naturgeister erzählen,* S. 37–48.

ten das Prinzip dieser Dreiheit in ihrem Familienleben. Doch nicht nur sie, sondern alle Naturgeister sind sich bewusst, woher sie kommen, wem sie dienen und wohin sie zurückkehren werden. Diese Bewusstheit macht den Kern ihrer – wie immer sonst gefärbten – Religiosität aus.

Die Wichtel finden aber auch unabhängig von den religiösen Festen Gelegenheiten zum Feiern, immer dann, wenn Anlass zu besonderer Freude besteht. Sie feiern z.B. Sommernachtsfeste. Oder es wurde eine Wette abgeschlossen und einer von ihnen gewinnt die Wette, dann nutzen sie das zu einem Fest. Das alles ist Ausdruck ihres Glücklichseins und ihrer überströmenden Lebensfreude.

Hüten auch sie einen Schatz?

Ja, sie hüten einen Weisheitsschatz, nämlich das Wissen um die himmlische Familie. Sie sind, wie gesagt, in erster Linie auf die himmlische Mutter ausgerichtet. Wenn es eine Mutter gibt, gibt es logischerweise auch einen Vater, und diese Einsicht hat große Bedeutung: Gott ist nicht »die Natur« oder ein Prinzip oder ein erster Verursacher oder ein grausam strafender Richter oder gar ein willkürlicher Tyrann. Er ist der Vater, und das heißt: Er ist von grenzenloser Liebe zu seinen Kindern erfüllt, er sucht sie zu fördern und zu leiten und alles in ihrem Dasein letztlich zum Guten zu lenken. Wenn sie auf Abwege geraten, respektiert er ihre Freiheit, erwartet ihre reuevolle Heimkehr und schließt sie dann ohne Vorwurf und Strafe in seine Arme wie der Vater im Gleichnis vom verlorenen Sohn.[16]

Ihr seht daran, dass die Beschäftigung mit Naturgeistern nicht bloß eine menschliche Marotte ist, die für euren christlichen Glauben überflüssig erscheinen könnte. Sie lehrt euch vielmehr, an der Ausrichtung der Naturgeister auf die himmlische Mutter teilzuhaben und damit euer Gottesbild klarer

16 Luk. 15,11–32.

hervortreten zu lassen: Gott ist der Vater. Er wird nicht nur so angerufen, sondern er ist es wirklich, und das bedeutet: Er ist wirklich Liebe, und zwar ohne Einschränkung, Bedingung und Vorbehalt.

Die Wichtel hüten den Gedanken an die himmlische Familie nicht nur, indem sie ihn in ihrem irdischen Leben vertreten: in ihren Familien, ihren Großfamilien, ihren Königreichen unter einem durch und durch väterlichem König, sondern auch indem sie eine Weltfamilie bilden, deren Mutter und Vater im Himmel sind. Diesen Gedanken spielen sie in ihrem fröhlichen, glücklichen Leben durch und halten ihn damit im Bewusstsein lebendig: nicht nur für ihre weltweiten Wichtel-Geschwister, sondern für alle Naturgeister, ja für alle Geschöpfe einschließlich der Menschen. Auch ihr Menschen seid Glieder der Weltfamilie, von derselben großen Liebe umfasst und zu geschwisterlicher Liebe aufgerufen. Der Weisheitsschatz, den die Wichtel hüten, geht euch also an.

Wie ist denn die Beziehung der Wichtel zu den Menschen?

Menschen sind für sie Vorbilder, zu denen sie bewundernd aufschauen und von denen sie lernen wollen. Sie schauen ihnen bei der Arbeit zu, den Kindern beim Spielen. Sie haben auch keine Scheu, Wohnung in den Häusern zu nehmen. Sie interessieren sich auch für eure technischen Geräte und wollen wissen, wie sie funktionieren. Sie sind neugierig und finden alles spannend, was ihr so tut.

Können wir zu ihnen freundschaftliche Beziehungen aufnehmen?

Ja, sie freuen sich sehr, wenn ihr sie wahrnehmt und mit ihnen redet, oder wenn ihr ihnen gar eine lauschige Ecke in eurer Wohnung einräumt oder einen bittet, auf eurer Schulter Platz zu nehmen, um euch ständig zu begleiten. Solche Einladungen nehmen sie gerne an. Sie sind offen und bereit zu freundschaftlichem Umgang mit euch – weit mehr als alle anderen Naturgeister. Wenn ihr sie dann nach ihrem Namen fragt, werden sie ihn euch sagen, und damit ist die Freundschaft besiegelt. Und dann können sie euch sehr hilfreich sein.

Wie können sie uns helfen?

Sie können euch z.B. informieren, wenn euer Kind in eine gefährliche Situation gerät oder wenn ein Apparat einen gefährlichen Defekt hat. Beim Autofahren können sie über Rufketten mit anderen Wichteln erkunden, ob es einen Stau gibt, sodass ihr ihm rechtzeitig ausweichen könnt, oder sie können Sorge tragen, dass gerade, wenn ihr am Ziel ankommt, ein Parkplatz frei wird. Je erfahrener eure kleinen Freunde in der Menschenwelt geworden sind, je mehr sie von euch gelernt haben, desto hilfreicher können sie sein.

Wie können wir denn lernen zu verstehen, was sie uns sagen?

Sprecht einfach laut zu ihnen, begrüßt sie, sagt, wie sehr es euch freut, dass sie da sind. Dann haltet inne, seid ganz still und versucht zu erlauschen, wie sie auf eure Worte reagieren. Mit den äußeren Ohren werdet ihr natürlich nichts hören, sie sind ja Geistwesen, aber mit den »inneren Ohren« vermögt ihr zu verstehen, was sie euch mitteilen wollen – so wie bei den Engeln auch. Wenn es euch nicht gleich gelingt, versucht es geduldig immer wieder und gebt nicht auf. Mit der Zeit wird es gelingen, wenn ihr euch nur still und liebevoll auf sie einstellt.

Gibt es auch böse Wichtel?

Zunächst: Es gibt überhaupt keine Naturgeister böser Wesensart. Die Naturgeister kommen ja von der himmlischen Mutter und sind von ihr nach dem »Fall der Engel« in die Welt geschickt worden, damit sie ihr und dem Sohn helfen, die in die Materie gefallene Natur zu trösten und heimzuführen.

Bei den Wichteln gibt es aber das besondere Problem, dass sie zu den Menschen kritiklos aufschauen und von ihnen lernen. Was die Menschen ihnen vormachen, machen sie nach, weil sie meinen: auch die Menschen stehen ja im Dienst des Himmels. Wenn die z. B. Banden bilden, die sich bekämpfen, oder wenn sie tödliche Waffen erfinden und anwenden, meinen sie, das müsse so sein und wirken auf ihre Weise daran mit.

Wie bringt man sie davon ab?

Nicht, indem man ihnen mit Moral kommt, so etwas kennen sie nicht, sondern indem man ihnen sagt: Eigentlich tun Menschen so etwas nicht, das ist nicht menschengemäß und nicht menschenwürdig. Es gehört dann zu den Aufgaben des Königs, einzugreifen. Das ist nicht leicht, denn wie sollen sie verstehen, dass Menschen sich nicht menschengemäß verhalten?

Das Wirksamste ist, wenn die Wichtel unter den Menschen Herrn und Meister finden, die ihnen ein besseres Vorbild vorleben. Dann sind sie gezwungen, zwischen verschiedenen Menschen zu wählen, und dann werden sie die guten Verhaltensweisen viel schöner finden.[17]

Was meinst du mit: Moral kennen sie nicht?

Die Wichtel sind keine Intellektuellen, sie argumentieren nicht, sie ordnen das Geschehen nicht in Schemata wie gut und böse, richtig und falsch ein. Ihre Stärke ist das Beobachten und das Nachmachen. Und wenn sie die Wahl haben, Gutes oder Böses nachzumachen, dann entscheiden sie sich nicht über das intellektuelle Urteil, sondern über das Gefühl, und das sagt ihnen: Was in fröhlicher und friedlicher Gemein-

[17] siehe Alexa Kriele: *Wie im Himmel so auf Erden,* Bd. I S. 287–292.

schaft geschieht, entspricht ihrer Natur und zieht sie weit stärker an als das Gegenteil.

Können nicht auch unverdorbene Wichtel zu Gegnern des Menschen werden?

Nun ja, wenn ihr z. B. ihren Versammlungsplatz verbaut, dann ärgern sie sich, dann gehen sie von den Menschen weg, die ihnen so etwas antun, und sind nicht mehr bereit, ihnen zu dienen und zu helfen. Wenn man sie dann um Entschuldigung bittet und ihnen sagt, man habe nicht gewusst, dass dort ihr Versammlungsplatz war, dann brummeln sie vielleicht: »Ja, das sagen die Menschen immer.« Aber wenn sie sehen, dass man es aufrichtig bedauert und eine Träne weint, dann sind sie schnell bereit zu verzeihen.

Spielen sie dem Menschen nicht auch Schabernack?

Ja, aber das ist nie bösartig, das ist einfach nur ein Witzchen, Ausdruck ihrer überströmenden Fröhlichkeit. Sie wollen euch nicht wirklich Schaden zufügen, am wenigsten eurem Familienleben, denn das wollen sie ja hüten.

Wie kommt es, dass sie so herrliche Geschichten zu erzählen wissen?

Sie lieben Geschichten, sie denken ja nicht in Theorien, sondern das Leben besteht für sie aus lauter Geschichten. Im Erzählen sind sie sehr fantasievoll und erfinderisch. Da mixen sie auch gern Elemente aus ihrer Welt und der Menschenwelt durcheinander. Denkt z. B. an die Geschichte vom Spiegel.[18] Sie wissen ja, dass ein Naturgeist sich nicht in einem Spiegel aus Silber erblicken kann, sie sind ja Naturgeister und haben keinen materiell sichtbaren Leib. Aber wenn sie fabulieren,

[18] siehe Alexa Kriele: *Naturgeister erzählen*, S. 75–81.

haben sie keine Scheu, so etwas zu unterstellen, damit es eine so anrührende Geschichte ergibt.

Die Geschichten sind regional sehr unterschiedlich, da hat jede Familie und jedes Königreich seinen eigenen Schatz an Geschichten. Wenn ein wandernder Naturgeist aus fernen Gegenden heimkommt und bringt Geschichten z.B. aus Persien oder Indien mit, dann sind sie begeistert, lassen sich erzählen und nutzen den Anlass zu einem fröhlichen Fest.

Lässt sich ihre Weisheit in einem Motto zusammenfassen?

Ja: »Miteinander lachen ist doppelt und dreifach gelacht.« Das will sagen: Es geht um das freudige und harmonische Gemeinschaftsleben: von der Familie über das Königreich bis hin zur Weltgemeinschaft aller Wesen, die durch die Gemeinsamkeit der himmlischen Mutter, des himmlischen Vaters und des Sohnes miteinander verbunden sind.

Mütter der Nacht (die »Himmlischen Irdischen«)

Wenn die Nacht heraufzieht und die Kleinen Brüder Jesu (s. S. 185 ff.) sich zum Schlafe niederhocken, übernehmen die »Großen Mütter«, die »Mütter der Nacht«, die »himmlischen Irdischen« das Regiment. Sie sind groß wie ein Baum und hüten eine ganze Gegend. Ihr findet sie aber weniger an Plätzen mit weitem Fernblick, sondern eher in etwas geschützten Tälern, Mulden, Parks, auf Kinderspielplätzen oder Friedhöfen oder am Waldrand. Sie sitzen und halten die Hände segnend über ihre Gegend.

Stellt euch ein solches Naturwesen vor wie eine lebenserfahrene Großmutter mit weißen Haaren, hinten zu einem Knoten zusammengebunden, in einem dunkelblaugrauen Faltengewand, in das man sich hineinkuscheln möchte, um liebevolle Geborgenheit und Ermunterung zu finden. Ihr Gesicht zeigt gutmütige Lachfältchen, aber auch eine gewisse Strenge, mit der sie euch auf die Gesetze der Natur und die Konsequenzen ihrer Nichtbeachtung hinweist. Sie ist vertraut mit den Realitäten der materiellen Welt, hat das Lichteste und das Dunkelste gesehen, nichts ist ihr fremd, und doch bleibt sie Mensch und Natur liebevoll und geduldig zugewandt.

Sie erinnert an Maria, die das Jesuskind und später den Gekreuzigten in den Armen gehalten hatte und doch weder zerbrach noch verbitterte noch erstarrte, sondern zur Weisheitslehrerin wurde.[19] Ungefähr so könnt ihr euch ihren Gesichtsausdruck vorstellen.

[19] siehe Alexa Kriele: *Wie im Himmel so auf Erden*, Bd. III S. 231.

Während der Kleine Bruder Jesu den Sohn in der Welt der Natur vertritt, repräsentiert sie in ganz eindrücklicher Weise die himmlische Mutter, die nach dem Fall der Engel den erzürnten Vater dazu bewog, die Schöpfung trotz all ihrer Verletztheit bestehen zu lassen. Wie die himmlische Mutter, von der sie kommt, erwartet auch die Mutter der Nacht die schlussendliche Heimkehr der Schöpfung in zuversichtlicher Gewissheit.

Der Schatz, den sie hütet, ist die Weisheit, die in der Akzeptanz der Realität liegt. Sie hütet das Wissen, dass die Schöpfung ihre ursprüngliche Heiligkeit trotz allem nicht verloren hat, dass vielmehr diese Heiligkeit hinter allem und über allem steht und letztlich alle Verletzungen heilen wird. Sie hütet also das Gesetz der Mutter, das Mütterliche an sich. Dazu gehört das Wissen um die Gesetzlichkeiten der ins Materielle hineingesunkenen Schöpfung, und zwar sowohl der Naturgesetze als auch der hermetischen Gesetze. Sie hütet das Anerkennen dieser Gesetze, den Gehorsam gegen sie. Sie hütet die Schöpfung in ihrer Ganzheit mit allem Lichten und Schönen und dem Wissen um alles Dunkle. Sie hütet die Liebe zur Schöpfung, deshalb nennt man sie auch »die Himmlische Irdische«.

Und sie hütet die Nacht in ihren beiden Aspekten: Einerseits die Ruhe, den Frieden, das Loslassen des Tagesgeschehens, das Ausruhen und Sich-Regenerieren, andererseits die Aktivitäten der Seele während des Schlafs.

Meinst du die Träume?

Nein, mit den Träumen hat sie nichts zu tun, die fließen aus anderen Quellen.[20] Unabhängig davon ist die Seele während des Schlafs auf die intensivste Art und Weise aktiv, die euch überhaupt erlebbar ist. Sie ist dann nicht eingezwängt in die Bedingungen des irdischen Verstandes und seiner weltlichen

20 siehe Alexa Kriele: *Wie im Himmel so auf Erden*, Bd. III S. 120–124.

Konstruktionen, nicht beeinflusst von den Ängsten des Tages, nicht von den Vorstellungen über das, was ihr nicht dürft oder nicht wollt oder nicht könnt oder euch nicht traut oder nicht solltet. Das fällt alles weg. Die Seele kann sozusagen ganz sie selbst sein, frei und ungestört leben und atmen. Deshalb ist sie während des Schlafs viel präsenter als während des Tages.

Was tut sie da?

Erstens ordnet sie die Erinnerung. Sie notiert sozusagen, was ihr während des Tages neu erfahren habt, wie anders ihr Menschen oder vergangene Ereignisse jetzt bewertet, auch was ihr wahrgenommen habt, ohne dass euch das bewusst geworden ist. Es ist ähnlich wie wenn ihr einen in den Computer geschriebenen Text der Festplatte einprägt. Eure persönliche Chronik wird Nacht für Nacht ebenso ergänzt und umgeschrieben wie das Weltgedächtnis, die so genannte »Akasha-Chronik« oder »Große Bibliothek«.[21]

Zweitens bereitet eure Seele während des Schlafs den kommenden Tag vor, eure Grundverfassung, Gefühlslage, Stimmung: Welcher Aufgabe wünscht sie sich zu widmen, welche Kraft möchte sie leben, was würde sie gern in die Wege leiten, welchen Plan abändern? Die Seele kann den Führungsengel bitten, bestimmte Dinge zu fügen oder das, was gedacht war, nicht herbeizuführen, weil sie sich anders entschieden hat. Der Tag wird ein bisschen vorstrukturiert oder zumindest vorgefärbt.

Dazu gehört drittens auch, dass sich bestimmte Anteile eurer Seele, Wesen aus euren Innenräumen und euch begleitende Wesen Reisen unternehmen können. Sie besuchen vielleicht nahe stehende andere Seelen, sie wenden sich Rat suchend an Engel, Heilige, Meister, sie versuchen, leidenden Menschen oder Naturwesen Trost und Hilfe zu bringen, oder

21 siehe Alexa Kriele: *Wie im Himmel so auf Erden,* Bd. I S. 176–181.

sie erkunden andere Orte des Himmels oder der Erde. Also während ihr schlaft, ist eure Seele äußerst tätig.

Was trägt die Große Mutter dazu bei?

Sie nimmt keinen direkten Einfluss auf die Tätigkeit der einzelnen Seele, sondern sie hütet die Grundstimmung der Nacht, die Ruhe und den Frieden und damit den Raum, der den Seelen die Möglichkeiten zu ihren Aktivitäten öffnet. Sie sorgt dafür, dass eure Seelen »tief durchatmen« können, dass die Enge aufgebrochen wird, dass das unlösbar Scheinende doch eine Lösung findet, dass die Seelen mit ihren Wünschen, Träumen und Gedanken reisen können, dass alles groß wird und doch behütet und geborgen bleibt.

Kommt ihr Wirken auch den Tieren und Pflanzen zugute?

Ja, gewiss. Für diese kommt es darauf an, dass sie ausruhen, wieder Mut fassen, die Hoffnung auf die schlussendliche Erlösung bewahren und neue Kraft zum Ausharren schöpfen. Sonst würde so manche Tier- und Pflanzenart, deren Lebensbereich der Mensch beeinträchtigt, noch stärker dazu tendieren, sich von der Erde zurückzuziehen.

Wie geht die Große Mutter mit den dunklen Wesen um, die in der Nacht ja auch ihre Pläne für den kommenden Tag aushecken oder die die nächtlichen Besäufnisse, Verbrechen usw. anstiften?

Sie begegnet dem Dunklen nicht mit Aktivitäten oder gar mit Aggressivität. Täte sie das, würde sie selbst vom Dunkel angesteckt, und das wäre verheerend, denn sie ist ein mächtiges Wesen. Sie begegnet ihm durch ihr unerschütterliches Festhalten an ihrer himmlischen Ausrichtung. Ihr hütendes Wirken ist ein unangreifbares Bollwerk. Sie ist einfach da, und zwar – wie bei Tag die Sonne – für die Guten und die Schlechten, die Weisen und die Einfältigen, die Alten und die Jungen, die Gesunden und die Kranken, die Glücklichen und die Unglücklichen. Ihnen allen hält sie den Raum der Möglichkeiten offen. Sie strömt ihnen den Gedanken zu: »Bringe dich in Einklang mit den Gesetzen der Natur und des Himmels, nimm sie an und lebe mit ihnen.«

Die dunklen Wesen und die von ihnen beherrschten Menschen erleben das, als würde die Große Mutter sie umarmen und ihnen sagen: »Du weißt doch, dass du nicht den richtigen Weg gehst, verdränge dieses Wissen nicht, lass es zu und orientiere dich neu.« Im besten Fall antworten sie beschämt: »Ja, es tut mir Leid, was ich da angerichtet habe, es war furchtbar.« Das ist jedenfalls, was die Große Mutter zu erreichen versucht. Sie geht mit den dunklen Mächten um wie eine souveräne Mutter mit den Missetaten ihres Kindes.

Insofern ist die Mutter der Nacht also eine Vertreterin der himmlischen Mutter?

Ja, und zwar in ihrem Aspekt der Muhme (nicht der Maria und der Sophia).[22] Die himmlische Mutter hat diese Vertreterinnen in die Natur geschickt, weil die Schöpfung nach dem Fall der Engel in einen Zustand geraten ist, in dem die Natur sie braucht. Diese Himmlischen Irdischen sind eben in jeder Gegend ganz real präsent und hüten den nächtlichen Aspekt des Daseins unmittelbar vor Ort. So wie es einem Kind wohl tut, wenn ihm die Mutter sanft über den Kopf streichelt, so braucht die Natur des Nachts den zärtlich streichelnden Hauch ihres Atems.

Das Tun der Himmlischen Irdischen besteht letztlich darin, dass sie alles Einzelne in ihrer Gegend mit Liebe bedenken – jedes Haus, jeden Stall, die Menschen, die Tiere, die Pflanzen, die Wiesen, die Bäche, die Hügel, die Weiher. Die schlafenden Wesen empfinden die Berührung, sie lächeln ein

[22] siehe Alexa Kriele: *Wie im Himmel so auf Erden,* Bd. III S. 227–231.

wenig, kuscheln sich an, seufzen auf, atmen dankbar durch. Die Großen Mütter ernähren sich von diesen lichten Reaktionen, also nicht, wie manch andere Naturgeister, von den Unarten der Menschen.

Lässt sich der Schatz, den sie hüten, in einem Motto zusammenfassen?

»Lasst los, damit das Licht wirken kann«, oder auch: »Lasst los in der Hoffnung.« Damit ist gemeint: Erlauscht, was im Schweigen der Nacht wirken will. Sinkt in so tiefe Ruhe, dass ihr vom Tatendrang, vom Drang zu reden, zu entscheiden, schnell voranzukommen usw. ablassen könnt – nicht in Resignation, sondern in Hoffnung, sodass das Lichte, das Schöne, Wahre und Gute auf seine stille Weise wirksam werden kann.

Können wir mit solchen Muhmenwesen auch in unmittelbaren Gesprächskontakt kommen?

Sie freuen sich, wenn ihr den Kontakt sucht, sie sind ja den Menschen sehr zugewandt. Das geht aber nur, wenn ihr einige Bedingungen erfüllt habt:

— ERSTENS: Achtung vor den natürlichen und hermetischen Gesetzen, das Bemühen um ihre Kenntnis und natürlich auch Achtung und Respekt gegenüber den Müttern der Nacht, die das Wissen um sie hüten,
— ZWEITENS: die Liebe zur Nacht, das Gespür für das, was in ihrer Stille und Dunkelheit an Schicksal, Kummer, Ängsten, Träumen, Hoffnungen lebt, die Fähigkeit, die Töne und Geräusche der Nacht zu hören und zu deuten,
— DRITTENS: die Fähigkeit, an den Menschen, denen ihr tags begegnet, nicht nur die »Tagesseite« – Beruf, Titel, Auftreten usw. – zu sehen, sondern auch die »Nachtseite«, die unter dieser Fassade verborgen ist,

– VIERTENS: die Bereitschaft, sich auch einmal ähnlich zu verhalten wie das Muhmenwesen, nämlich nicht einzugreifen, sondern zu beobachten, zu verstehen, alles in Liebe zu umfassen und zu hüten, und zwar ohne zu bewerten und zu verurteilen, vielmehr in der Zuversicht, dass sich alles nach den Gesetzen ordnen und zurechtfinden wird.

Wenn ihr euch dazu entschlossen habt, macht folgende

Übung

Sucht in eurer Umgebung den Ort, wo ein solches Muhmenwesen wohnen könnte, begebt euch des Nachts dahin und versucht, die Nacht tief einzuatmen. Schaut zum Sternenhimmel und stellt euch vor, ihr atmet nicht nur Luft ein, sondern saugt zugleich ein Stückchen Nachthimmel ein, bis ihr innerlich von ihm ganz ausgekleidet seid. Dann macht ihr die Erfahrung, dass ihr immer größer werdet. Schafft in euch diesen großen Raum von Träumen, Wünschen, Erinnerungen, Möglichkeiten. Ihr seid dieser nächtliche Raum – ihr seid riesengroß und zugleich fast unsichtbar: Der Unterschied zwischen dem Nachthimmel über euch und dem in euch hat sich fast aufgelöst. Ihr macht euch klein, werdet aber groß und ruht euch in diesem Raum des Friedens aus.

Das macht euch zu stillen Beobachtern des Treibens in der Welt und des Wirkens der darin waltenden Gesetzlichkeiten. Aber ihr agiert nicht, und zwar nicht aus Resignation, sondern in der Zuversicht, dass alles gut werden wird, deshalb verhaltet ihr euch aus freier Entscheidung heraus passiv. Das entspricht der Haltung der Mutter, die den Leichnam ihres Sohnes in den Armen hielt.

In dieser Haltung könnt ihr das Gespräch mit der Großen Mutter eröffnen – zunächst einseitig. Schüttet ihr euer Herz aus, erzählt alles, was euch bedrückt und belastet,

was euch enger und härter werden lässt, was in eurem Leben nicht zufriedenstellend verläuft, und ihr wisst nicht, warum.
Der nächste Schritt ist, dass ihr aufhört mit Erzählen, Grübeln, Planen, Rechtfertigen, Argumentieren. Am besten ist, ihr legt euch dort nieder und schlaft, wenn möglich, ein. Wenn ihr aufwacht, habt ihr die Lösung eurer Probleme oder zumindest das Wissen, wie unwichtig sie im Gesamtzusammenhang sind. Vielleicht hattet ihr irgendein Gesetz nicht bedacht und seht nun klar. Ihr wisst, was ihr durch euer Entscheiden oder Nichtentscheiden, euer Handeln oder Unterlassen, durch zu hohe Geschwindigkeit oder durch Trägheit, durch Versäumnisse oder vermeintliche Zwänge irgendwelcher Art zu den Misslichkeiten eures Tageslebens beigetragen habt. Ihr steckt voller Ideen, seid viel souveräner, seid heiler geworden.

Ihr kennt aus manchen alten Kulturen das Verfahren des Heilschlafs. Der wirkungsvollste Heilschlaf ist, dieser irdischen Vertreterin der himmlischen Muhme das Herz auszuschütten und in Ruhe zu erwarten, was sie euch innerlich sagen wird. Diese Übung könnt ihr regelmäßig machen – z. B. einmal im Monat – oder einfach, wenn euch danach zumute ist. Ihr werdet eure Freundin – denn das ist sie – immer am selben Platz wiederfinden.

Gnomen

Zu Gnomen freundschaftlichen Kontakt aufzunehmen, ist nicht leicht. Denn sie sind nicht einfach nett und freundlich, sondern überaus schelmisch. Es gibt sie nie einzeln, sondern immer nur paarweise wie das doppelte Lottchen. Wenn man das nicht weiß, denkt man ganz verblüfft: Ich hab ihn doch gerade hier gesehen, warum ist er jetzt da? Damit treiben die Zwillinge ihren Schabernack: Kuckuck, ich bin hier – nein ich bin da, schau, du musst schneller laufen – hier bin ich, nein hinter dir, hier oben, nein dort unten.

Sie wandeln überdies ständig ihr Aussehen. Ihr nehmt einen wahr als bildhübschen kleinen Jüngling, im nächsten Augenblick als dessen fratzenhafte Karikatur – mit langer Nase, spitzem Kinn, riesigem Mund und vorstehenden Wangen – mal wie Peter Pan, mal wie eine Kasperlefigur.

Kann man Gnomen beim Namen rufen?

Da sagt der eine ja, der andere nein. Wenn ihr ihnen einen Namen geben wollt, dann wählt einen in sich widersprüchlichen Doppelnamen wie: ihr großen Kleinen, ihr ernsten Komiker oder so etwas.

Treiben sie einfach nur Schabernack?

Es ist ihr Lieblingsspiel, Menschen in Verwirrung zu bringen. Es macht für sie Sinn, sie zu verunsichern: Wo geht's eigentlich lang? Hab ich mich verirrt? Lauf ich in die falsche Richtung? Sollte ich nicht einmal stehen bleiben und noch einmal von neuem Orientierung suchen?

Was ist der Sinn dieser Verunsicherung?

Was die Gnomen hüten ist die Spontaneität, die Originalität, die Offenheit für die Vielfalt der Möglichkeiten und der unerwarteten Wendungen, also alles, was im Gegensatz steht zu Planung, Festgelegtheit, Endgültigkeit. Was ihr an ihnen in erster Linie wahrnehmt, ist spielerische Kindlichkeit, die aber einen sehr ernst zu nehmenden Hintergrund hat, denn sie stellt einen Aspekt der Freiheit dar, die ein Grundprinzip der Schöpfung ist.

Es ist dieses Wissen, das sie veranlasst, sich über jede Form von Spießertum lustig zu machen: über ängstliche Absicherung gegen alle Risiken, auch über geistige Begrenztheit, Verbarrikadierung, Kleinheit und Enge. Es geht ihnen um Befreiung von Fremdbestimmung, Vorurteilen, Feindbildern, einseitigen Dogmatismen, von allem, was den göttlichen Freiheitsimpuls verschüttet und dazu führt, dass alternative Möglichkeiten übersehen werden.

So merkwürdig das für eure Ohren klingen mag: Die Gnomen, die etwa nur daumengroß sind, hüten die Größe und Würde der Schöpfung, in dem sie den Gedanken der spielerischen Freiheit hüten, den der Schöpfer in die Schöpfung eingebracht und von dem er selbst beseelt war, als er sein künstlerisches Werk schuf und »sah, dass es gut war«. Wenn sie euch in Verwirrung führen, so erinnern sie euch an dieses Element der Freiheit. Sie wollen euch nicht ärgern und euch auch nicht in wesentlichen Fragen in die Irre führen, schon gar nicht in Chaos und Anarchie – sie sind ja nicht gegen jede Form von Ordnung und religiöser Rückbindung, im Gegenteil. Sie wollen euch nur auf eure Scheuklappen, Barrieren, Strickmuster aufmerksam machen. Das hat den Unterton: »Ist das alles nicht ein bißchen zu klein für dich, kannst du nicht auch ganz anders sein?« Aber sie predigen und schulmeistern nicht, sondern sie spielen ein schalkhaftes Spiel. Ihre Weisheit ist ein wenig verborgen im Humor.

Ist der Humor ein besonderes Kennzeichen der Gnomen?

Es gibt keine Naturgesichter ohne Humor. Selbst die ganz verknorzten Einzelgänger haben wenigstens noch einen gewissen schwarzen Humor. Humorlosigkeit gibt es in der geistigen Welt überhaupt nicht. Ihr habt ja viele Beispiele von Engel-Humor kennen gelernt. Und auch im Kreise um Jesus wurde viel gescherzt; die Evangelisten fanden das nur nicht wichtig genug, um darüber zu berichten. Wo Geist ist, geht es immer geistreich zu.

Was macht die besondere Art des Humors der Gnomen aus?

Da geht es immer darum, Ordnung durcheinander zu bringen, Verwirrung zu stiften, das Pathos einer Situation durch den Blick auf die unbemerkten Kleinigkeiten zu richten. Z. B. wird ein Maler, der die Anbetung durch die Hirten darstellt und der von den Gnomen beraten ist, auch die Fliege auf der Nase des Jesuskindes und das Niesen eines Hirten ins Bild nehmen. Ein gnomenhafter Dichter wird die Regeln der Sprache und der Logik sowie die Grenzen zwischen dem Realen und dem Unmöglichen durchbrechen, denkt z. B. an Christian Morgensterns Galgenlieder. Ein stark von Gnomen beeinflusster Künstler war auch Peter Ustinov, der so gerne Vorurteile bloßstellte und mit dem Paradoxen und Überraschenden spielte. Das sind nur einige Beispiele. Gnomen-Humor ist weder unziemlich noch verletzend, sondern durch Verwirrung erhellend.

Lässt sich ihre Weisheit in einem Motto zusammenfassen?

Das ist bei Gnomen schwierig, denn wenn der eine ein Motto vorschlägt, macht sich der andere darüber lustig und macht einen Gegenvorschlag, den dann der erste wieder ad absurdum führt. Wenn man den gemeinsamen Grundgedanken herausschält, kann man vielleicht formulieren: »Lasst euch beschenken« oder: »Sich beschenken lassen gehört zur Größe des Menschen.« Richtig, dem widerspricht jetzt keiner mehr, dem stimmen alle zu.

Wie ist das zu verstehen?

Die großen Dinge im Leben könnt ihr nicht planen, nicht beabsichtigen, nicht mechanisch herbeiführen, sie sind immer Geschenk: die großen Kunstwerke, die großen Gedanken, die großen Entdeckungen, die große Liebe usw. – das alles beruht auf Inspirationen oder Fügungen des Himmels. Ihr könnt nur die Rahmenbedingungen schaffen, unter denen ihr empfangsbereit werdet. Macht euch die Hände frei, den Kopf frei, das Herz frei, damit ihr überhaupt beschenkt werden könnt.

Hat das auch eine religiöse Bedeutung?

Ja gewiss, es heißt auch: Öffnet euch dem Mysterium, dem Geheimnis. Dieses ist ja weder sichtbar noch beweisbar noch machbar, es ist nur erlebbar. Wie könntet ihr den Himmel erleben, die Allgegenwart des Vaters, der Mutter, des Sohnes, der Engel, wie könntet ihr das Geheimnis der heiligen Kommunion erleben, wenn ihr in den Spießigkeiten eurer »modernen« Weltvorstellungen gefangen wäret? Ihr könntet dann nicht einmal die Naturgeister wahrnehmen.

Wenn ihr den Gnomen bewusst begegnet, habt ihr schon eine Bresche in eure geistigen Barrieren geschlagen. Diesen Augenblick nutzen die Gnomen, um euren zu engen Realitätsbegriff zu verwirren und euch damit für die ganze Realität zu öffnen.

Können wir uns die Gnomen zu Freunden machen?

Das geht schon, ihr braucht euch nur auf sie einzulassen. Wenn ihr euch über ihre Vewirrspiele nicht ärgert, sie ihnen nicht verübelt, sondern ihren Sinn versteht und sie mit Humor nehmt, dann haben sie das Gefühl: Diese Menschen sind wie wir. Dann laden sie euch ein: Spielt mit, lacht mit, tanzt und hüpft mit, habt teil an aller Lustigkeit, Fröhlichkeit, Spontaneität, denkt und tut etwas »Verrücktes«. Lauft z.B. auf den Händen, treibt allerlei Späße und Narretei, lasst eure »Korrektheit« fahren, eure Pläne, eure Termine. Wenn ihr wenigstens einen Tag in der Woche spontan lebt und morgens nicht wisst, was ihr vorhabt, und wenn ihr das eine Zeit lang durchhaltet, dann könnt ihr ein Gnomenpärchen einladen, bei euch zu wohnen. Dann können euch die Gnomen sehr hilfreich werden.

Wie können sie uns helfen?

Nun, sie machen euch bekannt mit all den Schönheiten und Entdeckungen, mit denen nur die überrascht werden können, die frei und offen genug dafür sind. Ihr werdet vieles erleben, was über das Normale, Planbare, Vorhersehbare, Geordnete, Gehörige hinausgeht. Wenn ihr die Hände, den Kopf, das Herz frei habt von all dem langweiligen Gerümpel, dann könnt ihr beschenkt werden mit so genannten Zufällen, mit Fügungen, mit Wundern, mit unerwarteten Wendungen.

Dann werdet ihr auch viel besser mit Kindern umgehen können, sie verstehen und von ihnen verstanden werden. Viele eurer Erziehungsprobleme lösen sich dann von alleine.

Habt ihr mit schwierigen Menschen in eurer Umgebung zu tun, z.B. mit Depressiven, mit Nörglern, mit Pharisäern, mit von Sorgen und Ängsten Geplagten, so werdet ihr ziemlich hilflos, ärgerlich und frustriert sein – bis ihr die Gnomen im Haus habt und in ihre Vergnügtheit einstimmt. Dann gewinnt ihr eine Ausstrahlung, die diese Menschen aufzulockern vermag und überaus hilfreich für sie werden kann.

Deshalb rate ich auch den Psychotherapeuten, sich auf die Gnomen einzulassen und sich mit ihnen zu umgeben. Dasselbe rate ich auch den religiösen Gemeinschaften, den Klöstern, den Pfarrern, überhaupt den Verantwortlichen in der Kirche. Im Zustand der Verbiesterung durch dogmatische Enge und moralische Regelwerke verschließt man sich und andere dem Himmel. Mit der gnomenhaften Offenheit für das Unverstehbare hingegen wird ein Grundprinzip der göttlichen Schöpfung – die spielerische Freiheit – erlebbar. Das religiöse Leben kann sich nicht auf einem Fundament aus Ängsten entfalten. Es bedarf des fruchtbaren Bodens der Liebe, der Freude und des Gottvertrauens.

II. Wasserwesen

Nixen und Nöcks (Wasserfrauen und Wassermänner)

Es gibt sehr viele Sagen, Märchen und Dichtungen, die von Nixen und Wassermännern handeln. Haben die einen realen Hintergrund?

Ja, natürlich. Menschen haben zu allen Zeiten die Naturgeister wahrgenommen und das Erlebte fantasievoll ausgeschmückt. Die Realität ist aber noch viel berührender, als es diese Geschichten sind.

Leben sie in allen Gewässern?

Nein, nur in größeren: in breiten, langsam fließenden Strömen, in größeren Seen, am liebsten im Meer. Sie sind ja wesentlich größer als ein Mensch. Im Meer leben sie in größeren Gemeinschaften. In Flüssen und Seen gibt es vereinzelt Königspaare.

Ihr findet sie z.B. nicht im Oberrhein, aber im Bodensee und dann im weiteren Lauf des Rheins.

Schon in der Gegend der Loreley?

Ja, aber da sitzt keine Meerjungfrau auf dem Felsen. Ihr Zuhause ist auf dem Grund des Gewässers, sie tauchen höchstens kurz an der Oberfläche auf.

Sehen sie so aus, wie man sie immer wieder beschrieben hat – halb Mensch, halb Fisch?

Gesicht und Oberkörper sind tatsächlich menschenähnlich, nur dass sich ihre Haut sehr glitschig anfühlen würde, wenn ihr sie mit dem äußeren Tastsinn berühren könntet, was natürlich nicht geht; sie sind ja feinstofflich wie alle Naturgeister.

Die Gesichter der Wasserfrauen haben zarte, feine Züge von faszinierender Schönheit. Der Rest des Körpers geht in Wasser über, so ausfließend, als wäre er noch nicht aus dem Wasser geschlüpft. Das hat man bildhaft in dem Fischschwanz dargestellt. Wenn ihr sie malen wollt, so tut das am besten in pointilistischer Manier, also ohne klare, linienhafte Konturen, eher verschwommen schimmernd und flimmernd, fast durchsichtig. Sie sind im bewegten Wasser nur annähernd und bei genauem Hinsehen wahrnehmbar. Man ist etwas verwirrt und fragt sich: Wo ist sie genau, hat sie blaue oder grüne Augen, hat sie gelächelt oder ernst geblickt? Da ist man nie ganz sicher.

Wenn du sagst, sie bilden Königspaare: Regieren sie ihre Welt und worin besteht ihre Tätigkeit?

Im Wasser herrschen immanente Ordnungen, die von allein funktionieren. Die Nöcks und Nixen befehlen nicht, sie repräsentieren und sie hüten bestimmte Abschnitte des Gewässers, indem sie seine Erinnerungen bewahren.

Wasser hat ein enormes Gedächtnis. Was jeder Tropfen erfahren hat, ist nicht einfach weg, sondern in seiner Struktur gespeichert. Die ist sozusagen ein Portal zur so genannten »Akasha-Chronik«, zur Großen Bibliothek, zum Welt-Gedächtnis.[23] Jeder Tropfen hat Geschichten erlebt; es ist, als würdest du Milliarden Menschen zusammenrufen und jeder hat seine Geschichte.

Das Wasser fließt aber weiter. Die Nöcks und Nixen nehmen die Geschichten in ihr Gedächtnis auf und bewahren alles

23 siehe Alexa Kriele: *Wie im Himmel so auf Erden*, Bd. I S. 176ff.

wesentliche Wissen aus dem Bereich, den sie hüten und repräsentieren.

Was ist da wesentlich; kannst du das an Beispielen verdeutlichen?

Wesentlich ist alles, was mit tief empfundener Emotionalität verbunden ist: mit Herzensbewegung, mit Tränen, mit Schweiß und auch mit Blut, das tatsächlich »ein besonderer Saft« ist. Diese Säfte haben die Wirkung, dass sich das zugrunde liegende Geschehen dem Gedächtnis einprägt. Die Nöcks und Nixen sorgen dafür, dass die Erinnerung an das Geschehen nicht nur dem Wasser und der Weltchronik einverleibt ist, sondern in der Gegend, die sie regieren, lebendig bleibt.

Da ist z.B. ein Schiff gekentert, die Menschen sind untergegangen: Was haben sie als Letztes gesagt, gedacht, gefühlt, was haben sich für Szenen abgespielt? Da rinnt Wasser in den Fluss, das zuvor in einem Haushalt Dienste verrichtet hat, wie war das? Da hat sich ein Heiliger reingewaschen – das bleibt für alle Zeiten im Gedächtnis. Da haben Menschen Fische gefangen – wie haben die Menschen und die Fische das erlebt? Da war ein Fischer verzweifelt, weil er seine Familie nicht mehr ernähren konnte. Da ist ein glückliches Liebespaar am Wasser entlanggeschritten, hat sich geküsst, sich Treue geschworen und Tränen der Freude geweint. Später kam das inzwischen verlassene Mägdelein wieder zu der Stelle und schluchzte bitterlich. Und vielleicht ist ihr das in einer früheren Inkarnation vor einigen hundert Jahren schon einmal so ähnlich ergangen. Das alles trägt das Wasser mit sich, aber die Regenten dieser Gegend nehmen es in ihr Gedächtnis auf und bewahren es in die Zukunft hinein.

Tun das nicht auch die Erdmännchen?

Die Erdmännchen sorgen für die schnelle Verbreitung der Informationen, aber sie sind nur an Neuigkeiten, an jeweils Aktuellem interessiert. Und die zwölf Erdmänner im Kern der Erde wissen »was die Welt im Innersten zusammenhält«. Doch von den Wassermännern und Wasserfrauen erfahrt ihr, was die Menschen bewegt hat, worüber Tränen der Freude und Tränen des Leids vergossen wurden, was gut und was schlecht ging: Das ist ihr Wissen, und das zu hüten ist eine Weisheit besonderer Art. Es kann für euch sehr wichtig werden, euch mit dieser Weisheit vertraut zu machen.

Warum kann das wichtig werden?

Es lehrt euch, gleichzeitig in Emotionalität bewegt zu sein und doch Ruhe zu bewahren, also innerlich souverän und zentriert zu bleiben. Was euch im Herzen erschüttert, tritt zugleich in den großen Weltzusammenhang von Anfang bis Ende, von Ewigkeit zu Ewigkeit. Die Zeit heilt alle Wunden, der Strom der Zeit fließt weiter wie der Strom des Wassers. Alles, was euch so erregt und bewegt, zieht vorüber, aber das Wesentliche bleibt bewahrt. Ihr werdet es mit heimnehmen zum Vater.

Dieses Wissen hat etwas Heilendes, Beruhigendes, Kühlendes, es wirkt klärend, und zwar sowohl abklärend als auch aufklärend. Also diese Wassergeister sind sehr gute Weisheitslehrer, wenn ihr bis zu ihnen vordringen und mit ihnen ins Gespräch kommen könnt. Sie hüten gleichermaßen die Zeit wie die Ewigkeit. Sie bewahren alle bewegenden Augenblicke und hüten die Zeitläufe von der Ewigkeit, aus der ihr kommt, bis zu der Ewigkeit, in die ihr zurückkehren werdet.

Lässt sich ihre Weisheit in einem Motto zusammenfassen?

Ihr Motto lautet: »Jeder Tropfen eine Träne.« Das bedeutet: Wenn ihr ins Wasser schaut, dann stellt euch vor, jeder Tropfen ist eine Träne gewesen oder wird es irgendwann mal sein. Wenn ihr euch vor Augen haltet, dass jeder Tropfen eine Träne ist, dann werdet ihr den ganzen Tag sehr emotional erleben, d.h. wirklich lächeln und wirklich weinen, wirklich begeistert sein, wirklich staunen, euch richtig fürchten, auch mal wütend werden und dem dann wieder eine Träne des Bedauerns folgen lassen.

Es gibt ja nicht nur Tränen des Leides, des Kummers, des Zorns, sondern auch Tränen der Freude und des Trostes. Das Leben, auf das es ankommt, besteht nicht aus Kalkül, Strategie, Planung, Sicherheit, Gewohnheit, Trägheit, Tradition, sozialen Zwängen, sondern es wird im ständigen Hin und Her tief empfundener Emotionen gelebt. Emotion ist alles. Ihr solltet sie bewusst leben, wobei es aber ein Zentrum in eurem Herzen gibt, das immer ruhig bleibt.

Ihr solltet eine tägliche Tränen-Bilanz ziehen: Hab ich mir heute schon etwas zu Herzen gehen lassen, hat mich etwas so berührt, dass ich darüber geweint habe? Bin ich imstande, aus Freude so viele Tränen zu weinen wie aus Kummer? Lebe ich in dieser emotionalen Intensität – während ich gleichzeitig innerlich ruhig, souverän und zentriert bleibe?

Der Rat, den euch die Wassermänner und -frauen geben, ist: Alles soll euch bewegen, aber nichts aus der Ruhe bringen. Wer das eine oder das andere oder beides nicht kann, der kann sie nicht verstehen und keinen Zugang zu ihnen finden. Wer versucht die Emotionen wegzudrücken, weil er in ihnen ertrinken würde, der kann auch nicht souverän werden. Wer sich nichts nahe gehen lässt, nicht staunen, nicht leiden, nicht überschwänglich sein kann, wer glaubt, er kenne schon alles und wisse sich zu beherrschen, der besitzt nicht die innere Ruhe, die die Wasserwesen meinen, der trägt nur die Maske der Souveränität.

Die innere Ruhe entsteht aus der Gewissheit, die die himmlische Mutter vorlebt: Trotz allem, was so tief bewegend ist, wird alles gut werden. Denn der Vater hat sein Wort gegeben, und die Schöpfung wird zu ihm heimkehren.

Was können wir tun, um Kontakt zu den Nixen und Wassermännern herzustellen?

Als Erstes begebt euch an das Ufer des Meeres oder eines größeren Sees oder Stroms, und zwar an einen Ort, an dem Ruhe herrscht, wo ihr nicht abgelenkt werdet und in die Weite schauen könnt. Steigt mit den Füßen ins Wasser, benetzt Gesicht und Arme. Versenkt euch in die Vorstellung, was für Tränen der Freude und des Leides an dem Gestade, in dieser Bucht schon geflossen sein mögen. Stellt euch vor, ihr seid unter Wasser, ihr seht das Fischerboot nur von unten, das weinende Mädchen nur verzerrt durch die Wasseroberfläche hindurch. Sowohl die Wellen wie die Emotionen schlagen hoch, bei euch da unten ist es aber ganz still, das Wissen sickert wie die Sonnenstrahlen verschwommen zu euch hinunter. Die Jahrhunderte wogen wie die Unterwasserpflanzen sanft hin und her und ziehen mit ihren dramatischen Ereignissen an euch vorbei. Sie berühren euch zutiefst, ihr schaut ihnen nicht mit hartem Herzen zu, sondern habt an den Emotionen teil, aber in einer kühlen, fast regungslosen Stille.

So bekommt ihr langsam ein Gefühl für die Erlebnisweise der Nixen und Wassermänner, und damit auch einen Blick für sie: Dann werdet ihr sie wahrnehmen.

Können wir unmittelbar mit ihnen reden?

Das ist schwierig, nicht nur weil ihre Sprache für eure Ohren nicht vernehmbar ist. Sie ist auch für euer inneres Ohr nicht verständlich. Denn sie ist so langsam, dass ihr den Zusammenhang zwischen den einzelnen Lauten nicht herstellen könntet: ganz tief und langwellig, als würdet ihr eine Tonaufnahme extrem langsam abspielen. Erst wenn ihr gelernt habt, euch innerlich ganz auf sie einzustellen, richtet sich euer inneres Gehör allmählich darauf ein.

Wenn euch das gelungen ist, dann könnt ihr mit ihnen ins Gespräch kommen, sie bitten zu erzählen, was sich da abgespielt hat, oder sie um Rat fragen. Dann werden sie euch an ihrem Wissen und ihrer Weisheit teilhaben lassen. Sie werden euch mögen und schätzen wie Freunde, sie werden sich verstanden fühlen und das Empfinden haben, dass ihr ihnen ähnlich seid. Wenn ihr gelernt habt, in eurer Vorstellung unter Wasser zu sein, wird euch ihre Sprache ganz normal vorkommen, ihr werdet keine Schwierigkeiten mehr haben, ihr in ihrer tiefen Langwelligkeit zu folgen, ihr empfindet ja »auf gleicher Wellenlänge«.

Manche Geschichten erzählen von der Verliebtheit zwischen einem Wassermann und einem Mädchen oder einem Jüngling und einer Nixe. Gibt es das?

Ja, das kann geschehen, wenn die Emotionen zusammenschwingen. Da sieht z.B. die Nixe einen todtraurigen Mann am Wasser entlanggehen, sie fühlt sich angezogen, flüstert ihm etwas Tröstendes zu, beide fühlen sich in ihrer gemeinsamen Stimmung miteinander verbunden: Beide lächeln unter Tränen, es entsteht eine Stimmung aus Wehmut und Melancholie einerseits, einer freundlich angenehmen Verbundenheit andererseits. Das erleben sie als verführerisch, als etwas sehr Schönes, in dem zugleich etwas Verletzliches, Trauriges, Tiefgründiges mitschwingt. Es entsteht eine emotionale Verbindung, eine »Verliebtheit«, die aber immer unglücklich ausgeht. Denn sie sind ja aus verschiedenem Stoff und leben in ganz verschiedenen Welten. Wenn der Mensch darin versinkt, ist es um ihn geschehen: »Halb zog sie ihn, halb sank er hin und ward nicht mehr gesehn«, wie es im Gedicht heißt. Beide können gute Freunde bleiben, aber keiner kann den anderen in seine Welt hineinzwingen.

Sind Nixen und Wassermänner auf die himmlische Mutter ausgerichtet?

Sie sind wie alle Naturgeister aus den Händen der Mutter auf die Erde gelangt und fühlen sich ihr in erster Linie zugeordnet. Aber sie wissen durch sie vom Vater und vom Sohn. Sie sind auf die Heimkehr der Schöpfung zum Vater hin orientiert, und sie verstehen sich als Diener und Helfer des Sohnes. Sie repräsentieren die Stimmungslage der heiligen Trinität auf Erden: einerseits die Trauer über den »Fall der Engel« und über die leidvollen Geschehnisse in seinem Gefolge, aber auch die Zuversicht, dass am Ende alles gut werden wird.

Undinen

Die Undinen könnt ihr auch »Wellenreiterinnen« oder »die wilden Schwestern« nennen. Sie sind durchweg weiblich und haben mindestens die Größe von Menschen. Ihr findet sie in tosenden, brausenden Gewässern, wo Wellen schlagen, wild aufspritzen, Gischt bilden, wo sich z.B. die Meeresbrandung an den Felsen bricht, oder wo die Flüsse Wasserfälle oder Stromschnellen bilden. Sie sind so ungezähmt und wild wie dieses Wasser und haben ihre Freude am Überschäumenden, Unbändigen, Gewaltigen in der Natur.

So sehen sie auch aus: mit langen schwingenden, peitschenden Haaren, geschmückt mit Tang und Treibholz, mit Gesichtern, die euch unberechenbar erscheinen und Furcht einflößen und doch zugleich wunderschön sind – gerade durch Wildheit, Stolz und Kraft. Wären sie nicht Wasserwesen, würdet ihr sie »feurig« nennen; jedenfalls kennzeichnet sie eine unbändige Leidenschaft.

Was machen sie, wenn das Wasser stiller wird?

Entweder lassen sie sich zur nächsten Stromschnelle oder zum nächsten Wasserfall treiben, oder sie warten einfach. Stille Wasser sind nicht ihr Ort, da ist für sie kein Leben. Sind sie vom tosenden Wasser endgültig abgeschnitten, kehren sie zur Mutter heim. Ansonsten tun sie das nach einigen Jahrzehnten, höchstens nach 120 Jahren; älter werden sie nicht.

Was hüten sie für einen Schatz?

Sie hüten den Urzustand, in dem die Schöpfung noch vor ihrem Ordnungszustand war, die Urkraft der himmlischen Muhme, in der alles Chaotische und Geordnete gleichermaßen geborgen ist, das Leben schlechthin mit seinem Geborenwerden und Sterben, in seiner vitalen Kraft und Schönheit. Im Schöpfungsbericht heißt es: »Die Erde war wüst und leer, Finsternis lag über dem Abgrund, und der Geist Gottes schwebte über den Wassern.« (Gen. 1,2) Da war die Mutter schon da, und die Undinen hüten die Erinnerung an ihre Urgestalt. Sie repräsentieren die Muhme auf Erden.

Eine Entsprechung in euren Innenräumen findet ihr am ehesten in der Vulkanesin, die das Feuer der Vitalkraft in euch hütet.[24]

Um euch in sie hineinzufühlen, versetzt euch in eurer Vorstellung in Situationen, wo es ekstasisch wird, wo ihr in Trance oder Freudentaumel oder Jubelgeschrei geratet, wo es vor leidenschaftlicher Freude und Vitalität überbordet und bis zur Besinnungslosigkeit geht, z.B. auf dionysischen Festen.

Finden wir einen künstlerischen Ausdruck dafür bei Strawinsky im Sacre du printemps?

Richtig, diese Musik ist undinenhaft.[25] – Eine Karikatur, eine ins Dunkle verkehrte Entsprechung habt ihr in Orgien und auch im Drogenmissbrauch. Das Erlebnis, das die jungen Leute da eigentlich suchen, ist das große schöpferische Chaos, die Urtümlichkeit und Ursprünglichkeit, wo es nur auf den jetzigen Moment ankommt, wo man das Gefühl hat, die Welt gehört mir und ich habe Gegenwart, Vergangenheit und Zukunft zur Hand. Aber das finden sie da natürlich nur in arg verzerrter Gestalt.

24 siehe Alexa Kriele: *Wie im Himmel so auf Erden*, Bd. II S. 213–217.

25 Sie ist neuerdings wieder populär geworden durch den Dokumentarfilm *Rhythm is it* mit Sir Simon Rattle.

Können wir mit den Undinen in Kontakt treten?

Man kann sie nur halbwegs als friedliche und freundliche Wesen bezeichnen, sie sind nicht sanft und mitleidsvoll. Aber sie erkennen den mutigen Menschen und sind ihm wohl gesonnen. Wer z.B. wagt, auf großen Wellenbrechern zu surfen, den unterstützen sie in Gefahr. Sie lieben die Bereitschaft zum Einsatz und zum sinnlichen Genuss, das Bemühen um Meisterschaft, den Mut, der auch wohl kalkulierte Risiken eingeht.

Sie unterscheiden aber streng zwischen Mut und Übermut, d.h. mangelnder Einschätzung des Risikos und Großspurigkeit. So etwas können sie nicht leiden. Wenn dann einer untergeht und ertrinkt, haben sie nicht viel Mitleid, sondern sagen sich: So ist das Leben, was sich nicht biegt, das bricht.

Ängstliche, auf Sicherheit und Gefahrlosigkeit bedachte Menschen andererseits sind ihnen fremd, die nehmen sie gar nicht wahr oder interessieren sich jedenfalls nicht für sie.

Können mutige Menschen sie sich zu Freunden machen?

Also sie kommen nicht mit euch nach Hause und wohnen nicht etwa in der Badewanne, das wäre eine absurde Vorstellung. Aber wenn ihr euch zu ihnen hinbegebt, könnt ihr euch von ihnen inspirieren lassen: d.h. es wird ein wenig von ihrer Lebenslust und Vitalkraft auf euch übergehen. Damit werden sie euch gerne nützlich sein.

Wie lautet ihr Motto?

»Jetzt ist alles.« Das bedeutet: Sie leben ganz im Augenblick, nicht in der Erinnerung an die Vergangenheit, nicht aus irgendeiner Planung der Zukunft heraus. Ihre Kraft entfaltet sich im Jetzt, nichts kann ihre unbändige Wildheit bremsen. Dieses Motto rufen sie auch den Menschen zu und fügen hinzu: »Wer wagt, gewinnt.«

Sirenen

Sirenen könnt ihr euch vorstellen wie verführerisch schöne nackte Frauen um die dreißig, aber nicht so, wie Rubens die Frauen zu malen pflegte, sondern eher pastellfarben und von ätherischer Feinheit. Denn sie sind eigentlich Luftwesen; wenn sie sich bewegen, nehmen sie ihren Weg durch die Luft, lassen sich von den Winden treiben. Da sie aber immer am Rande eines Gewässers wohnen, könnt ihr sie auch den Wasserwesen zuordnen.

Ihr findet sie in verwunschenen Ecken sowohl am Meeresstrand als auch an Flüssen, Seen und Teichen – ihre Größe variiert entsprechend. Es gibt sie nicht überall, sondern nur in wunderschönen – ihr würdet sagen: »romantischen« – Buchten oder Felsnischen, in denen eine träumerische Stimmung herrscht. Ihr könnt sie auch nach Hause einladen, wenn ihr mit Sinn für Romantik einen Teich anlegt, also mit allerlei Eckchen, umgeben von Büschen oder Trauerweiden und von Hügeln, wo ein Brünnlein entspringt oder ein Bächlein fließt. Dort erheben sie dann ihren berühmten süßen, zärtlichen Singsang.

Ist ihr Gesang wirklich so gefährlich wie bei Homer, wo sich Odysseus an den Mast binden lässt, um ihnen nicht entgegenzustürzen?

Nein, das ist eine dichterische Übertreibung. Homer hat die Sirenen mit den Undinen vermengt und ihrer Süße deren unbändige Wildheit beigegeben.

Der Gesang der Sirenen kann aber in der Tat eine starke, inspirierende Wirkung auf das menschliche Gemüt ausüben. Unter ihrem Eindruck verlieben sich z.B. zerstrittene Paare von neuem und finden wieder zueinander, oder es tauchen längst aufgegebene Ideen und Ideale wieder auf, oder man überwindet seine Trübsal, träumt sich in Glückseligkeit hinein und entdeckt, wie schön das Leben sein könnte.

Singen sie Melodien?

Es ist eher eine sehr eindringliche und verführerische Art zu sprechen oder zu flüstern, ein Singsang, der einem »den Kopf verdreht«, der die Sinne durcheinander bringt, die Realitäten verschwimmen lässt, die Wahrnehmung verschiebt. Man gerät in einen Zustand zwischen Tag und Traum, wo man nicht mehr richtig weiß, was man eigentlich wollte oder sollte, wozu man ja und nein gesagt hat, wer man ist und wo man ist, in einen Schwebezustand des Erinnerns und der Hoffnung, dass die schönsten Erwartungen doch noch wahr werden könnten. Es ist, wie wenn ihr mit dem Finger ein Wasser antippt und sich Wellen bilden: Dann seht ihr euch im Wasserspiegel nicht mehr richtig klar und fragt euch: »Sehe ich mich und die Dinge richtig? Wäre es nicht schön, sie einmal anders zu sehen?«

Sie singen also für den Menschen?

Sie singen immer vor sich hin, auch wenn niemand sie hört. Aber wenn niemand sie hörte, wären sie auf Dauer einsam. Sie singen unendlich gern den Mond an, und er hört ihnen zu. Sie singen für alle Tiere, besonders gern für die, die in der Nacht unterwegs sind, sie singen die Sonne an – am frühen Morgen und bei ihrem Untergang. Und sie singen für alle Menschen, die des Weges kommen: für Wanderer, Liebespaare, Traurige, Einsame, Alte, Schlaflose. Besonders lieben sie Kinder, vor allem so glückliche kleine Träumerkinder. Sie freuen sich, wenn man ihren Gesang vernimmt und durch ihn berührt wird.

Klingt es so wie in Debussys Sirenen, *wo das Orchester den Frauenchor untermalt?*

Das ist eine gelungene Komposition, sicherlich eine seiner schönsten. Aber der Stimmung des Sirenengesangs kommt Schubert näher, weniger in seinen Liedern als in einigen Instrumentalwerken.

Z.B. im C-Dur-Quintett?
(Wir summen andeutend die Melodie des langsamen Satzes.)

Ja, zum Beispiel, das trifft die Stimmungsqualität.

Ist ihre Absicht, Menschen der Realität zu entfremden?

Indem sie den Menschen so verzaubern, wollen sie ihm sagen: Neben deiner Realität gibt es noch andere. Es ist nicht alles so, wie du denkst, weder die Zeit noch der Ort, noch die Umstände, noch du selbst. Schau, wie viele Realitäten und Wahrnehmungsmöglichkeiten es gibt, schärfe deine Wahrnehmung! Wirst du ein wenig zum Träumer, wird dir klarer bewusst, wer du bist, woher du kommst, wohin du eigentlich strebst, was alles zur Wirklichkeit gehört und wie wenig davon du normalerweise siehst.

Sie wollen also unser Realitätsverständnis erweitern?

Ja, sie schaffen einen Ausgleich. Viele von euch haben sich mit einem sehr engen Realitätsverständnis abgefunden. Sie träumen schlicht und einfach zu wenig. Sie fragen nicht mehr: »Was wäre, wenn …?« Sie können sich kein anderes mögliches Leben mehr vorstellen, denken sich nicht in andere Welten hinein. Die Sirenen machen ihnen klar, dass alles auch ganz anders, und zwar viel schöner sein könnte und irgendwo auch ist. Sie lassen eine Art Liebeszauber entstehen, in dem euch andere Realitäten als durchaus möglich vor Augen treten.

Wenn ihr das nicht gleich verwerft, sondern als Sehnsucht im Herzen bewahrt, dann habt ihr auch die Chance, diese Möglichkeiten zu realisieren. Dann kann z.B. eine Ehe doch noch so glücklich werden, wie ihr einst in euren höchsten Augenblicken erhofft hattet, oder ihr findet zu der Frömmigkeit eurer jungen Jahre auf einer reiferen Stufe zurück, oder ihr reaktiviert eure künstlerischen Hobbys wieder, oder ihr verwirklicht einiges von den sozialen und humanitären Idealen, die euch in der Betriebsamkeit des Berufslebens abhanden gekommen sind. Ihr werdet wieder mehr zu dem, der ihr eigentlich seid, und schreitet festeren Schrittes auf eure eigentliche Heimat zu.

Wie finden wir Kontakt zu den Sirenen?

Sucht einen besonders romantischen Fleck am Wasser und wählt eine Stunde, die zu dieser Stimmung passt: z.B. den Sonnenaufgang oder -untergang oder eine Vollmondnacht im Frühling, wenn die Blüten duften. Günstig wäre ein Tag, wo ihr voller Liebesglück oder Liebeskummer oder Sehnsucht oder Heimweh oder dem Gefühl der Verlorenheit seid. Dann braucht ihr dort nur ein wenig auf und ab zu gehen und den Oberkörper ein bisschen zu wiegen, in einem sanften gleichmäßigen Rhythmus. Ihr werdet bemerken: Er passt genau zu dem Gesang, den ihr mit den inneren Ohren hört. Die Melodie wiegt euch in eine Träumerei von anderen Welten hinein, in märchenhafte Geschichten, die auch hätten sein können, die zwar nicht real geworden sind, die es aber noch werden könnten. Die Melodie wird euch lange nicht mehr verlassen. Von ihr wird etwas paradiesisch Inspirierendes ausgehen und euch animieren, euch bereitwilliger dem Himmel zu öffnen und etwas vom Himmel auf die Erde strömen zu lassen.

Können wir sie ansprechen? Tragen sie Namen?

Sie freuen sich natürlich, wenn ihr ihnen dankt und ihnen sagt, wie sehr sie euch berührt haben, und dann könnt ihr sie auch nach ihren Namen fragen. Die haben sie meistens so gewählt, dass sie für euch exotisch klingen und ein wenig Fernweh auslösen, z. B. Leyla oder Shila oder Lara. In Gegenden, wo diese Namen zu Hause sind, wählen sie Namen, die anderswo üblich sind – vielleicht in euren Breiten.

Wie lautet ihr Motto?

Wenn Menschen sie danach fragen, antworten sie: »Wage zu träumen!« Denn der Schatz, den sie hüten, ist die Stimmung, die euch in wunderschöne, unglaublich faszinierende Zustände versetzt, die euch ja zugänglich sind und für die sie euch öffnen wollen. Letztlich hüten sie das Paradies, in dem die Zeit nicht vergeht, wo tausend Jahre wie ein Tag sind, wo es immer frühlingshaft blüht und duftet, wo ihr eigentlich zu Hause seid. Sie wollen ein wenig vom Paradies auf die Erde bringen.

Für sich selbst aber ist das Motto, das sie in der unnachahmlichen Weise ihres süßen Singsangs immer wiederholen: »Die Liebe ist die Liebe ist die Liebe ist die Liebe …«

[illegible]

Menschen, aber, ihre [illegible]

und in einem natürlich belassenen, geschützten Umfeld.

Nymphen

Wenn es irgendwo in eurer Umgebung eine Quelle gibt, aus der ein Bächlein, ein Bergsee oder ein Waldsee hervorgeht, dann habt ihr die Chance, in ihrer Nähe auch den Nymphen zu begegnen. In den so genannten »Nymphen-Stunden« könnt ihr ihnen sogar beim Tanz zusehen, also in der Morgen- oder Abenddämmerung, in einer Vollmondnacht, wenn der Mond am höchsten steht, oder auch bei Mondaufgang oder -untergang. Gelingt es euch, mit euren inneren Augen im Zwielicht oder Silberlicht das Wehen ihrer Schleier und Bänder in ihren zarten weiß-gelblichen Farben wahrzunehmen, werdet ihr allmählich ihre märchenhaften, sanften, fast durchsichtigen Gestalten – etwa halb so groß wie ein Mensch – erkennen. Sie können zwar Hunderte von Jahren alt werden, wirken aber immer wie junge Mädchen, manchmal auch wie sehr feminine Jünglinge.

Nymphen leben nicht unmittelbar am Wasser, aber sie brauchen es in ihrer Nähe, weil es ihre Aufgabe ist, seine heilige und heilsame Reinheit zu hüten. Auch sie sind also keine eindeutigen Wasserwesen, sondern sind zugleich dem Luftelement zugeordnet.

Wenn ihr sie gefunden habt, achtet darauf, sie nicht zu erschrecken. Beim Klatschen, Niesen, Husten, Poltern, bei Motoren- oder Radiogeräuschen sind sie verschwunden. Sie brauchen die Geborgenheit der Stille. Deshalb halten sie sich auch von Menschensiedlungen fern. Sie haben nichts gegen Menschen, aber ihre Tätigkeiten gedeihen nur in der Ruhe und in einem natürlich belassenen, geschützten Umfeld.

Was tun sie mit dem Wasser?

Sie berühren es mit der einen Hand, während sie die andere Hand dem Himmel entgegenstrecken: der Sonne, dem Mond, den Sternen, einem viel Lichtkraft ausstrahlenden Heiligen oder aber gar dem Sohn selbst, dem Quell allen Lichts. Also sie verbinden die Quellkraft des Wassers mit der Lichtkraft des Himmels. Zwischen ihren Händen spannt sich eine Wirkkraft auf, die dem Wasser magische Kraft zu verleihen vermag. Das Wasser an sich ist so wenig magisch wie das Gras oder das Pflastergestein, und mit fauligem Abwasser könnt ihr nichts Heilsames bewirken. Ihr verdankt den Nymphen, dass das frische Quellwasser tatsächlich zum Heilmittel werden und dass mit ihm heilige Handlungen vollzogen werden können. Solches Wasser stand Jesus bei der Hochzeit zu Kana zur Verfügung, so konnte er es in Wein verwandeln.

Wenn ihr von solchem Wasser trinkt, werdet ihr seine verwandelnde Kraft spüren. Die wird in den Märchen angedeutet, wo es heißt: »Wer aus mir trinkt, wird verwandelt werden.« Da ist diese Wirkung allerdings ins Dunkle verzerrt; in Wirklichkeit ist sie immer licht. Ihr könnt sie noch unterstützen, indem ihr die Hände benutzt, denn Hände sind heilig. Trinkt das Quellwasser unmittelbar aus den Händen, und wascht auch Gesicht und Körper mit den Händen!

Also wenn ihr solches Wasser trinkt, trinkt ihr eine Medizin. Tut das häufig und großzügig und bedenkt dabei: Ihr trinkt etwas Geheiligtes. Bedenkt auch: Es ist eine heilige Handlung, sich vor seinen Aktivitäten die Hände zu waschen, das heiligt dann euer Tun. Ihr wisst ja auch, welch heilige Handlung die Fußwaschung sein kann, wie sie Jesus vor dem letzten Abendmahl an seinen Jüngern vollzog. Früher hat man die Kirchen oft an Quellplätzen erbaut und wusste warum. In einigen Kirchenräumen haben sich Nymphen niedergelassen; sie hüten das Weihwasser und sind sogar im priesterlichen Akt der Wandlung präsent. Und sie hüten die Wässer auf den Friedhöfen.

Im Wasser schillern alle Farben, wie euch im Regenbogen anschaulich wird, dem Symbol des Bundes zwischen Himmel und Erde. Die Nymphen vergegenwärtigen euch das Versprechen des Himmels, dass dieser Bund beständig ist und heilsame Wirkkraft entfaltet. Ihr verdankt ihnen, dass das Wasser von solch erfrischender, erquickender Wirkkraft ist, dass es so heilende Kraft beherbergt oder zumindest die Potenz dazu, dass man also so viel magisch Heilsames damit machen kann. Wo keine Nymphen sind, fehlt dem Wasser diese Lebendigkeit. Da sie nur in den Quellgebieten wirken, die von stiller, behüteter Natur umgeben sind, tragt Sorge, dass solche Gebiete geschützt bleiben: Es gibt keine bessere Qualitätssicherung für das Wasser!

Übrigens findet ihr Nymphen auch im Regenwasser, das frisch und ungetrübt vom Himmel herabtropft. Bei einem warmen Sommerregen solltet ihr möglichst unbekleidet in die Natur gehen, euch nass machen lassen und mit den Nymphen fröhlich spielen, tanzen und singen.

Wie ist das Motto der Nymphen?

»Wie oben so unten.« Das bedeutet: Wie es im Himmel ist, so möge es auf Erden sein. Wenn ihr im Vaterunser betet: »Wie im Himmel so auf Erden«, dann sprecht ihr den Willen aus, tatkräftig daran mitzuwirken, dass es so werde. Ein wesentlicher Beitrag dazu wäre, dem Wasser seine himmlische Kraft zu erhalten, indem ihr die Wirkungsfelder der Nymphen hütet.

In welcher Musik begegnet uns am ehesten die Stimmungswelt der Nymphen? Vielleicht in Beethovens Mondscheinsonate*?*

Nein, die spiegelt nicht den Mondschein wider, sondern die Gefühle eines Schlaflosen in einer Mondscheinnacht. Die Nymphen sind ja höchst lebendig und tänzerisch. Ihre Welt begegnet euch vor allem bei Mendelssohn – z. B. in bestimmten Sätzen des *Sommernachtstraums* und in einigen der *Lieder ohne Worte.*

Können wir mit den Nymphen in Kontakt treten?

Sie sind sehr zurückhaltend, fast scheu. Aber wenn ihr euch ernsthaft und geduldig bemüht, ist es nicht unmöglich, ihre Freundschaft zu gewinnen. Dazu ist es erforderlich, dass ihr euch zu den »Nymphenstunden« an ihre Orte begebt, euch dabei möglichst grazil und elegant bewegt und euch dann ganz still verhaltet. Das solltet ihr viele Tage lang geduldig wiederholen, sodass sie sich an eure Anwesenheit gewöhnen. Dann solltet ihr versuchen, das Quellwasser einmal richtig wahrzunehmen: in welchen Farben es schillert, wonach es schmeckt, wie es auf der Haut prickelt, wenn ihr darin badet oder Hände und Füße hineintaucht.

Mit der Zeit werdet ihr einen Blick für das bekommen, worauf ihr in der Nähe des Gewässers achten solltet. Dann werdet ihr wahrnehmen, wie sich die Gestalten der Nymphen von Dämmerlicht oder Nebel sanft abheben. Und diese werden euer geduldiges Bemühen respektieren und allmählich Vertrauen fassen. Wenn ihr ihnen dann noch Geschenke mitbringt, wenn ihr z. B. Edelsteine oder kleine Goldglimmer in ihr Quellbecken hineinlegt, wo sie farbig glitzern – das mögen sie sehr gerne –, dann finden sie euch nett und wollen euch näher kennen lernen.

Können wir eine von ihnen bitten, mit uns zu kommen und in unserem Garten Wohnung zu nehmen?

Wenn, dann eine ganze Gruppe von mindestens drei. Eine Nymphe allein vergeht vor Einsamkeit wie ein Hauch und geht weg zur Mutter. Wenn ihr auf eurem Grundstück eine Quelle, einen Brunnen oder einen Teich habt, dann könnt ihr sie fragen, ob sie dieses Stückchen Wasser hüten und heiligen mögen. Ein Zimmerbrunnen genügt nur, wenn er mit vielen Pflanzen umgeben ist – etwa in einem Wintergarten – und wenn ihr auch nachts die Fenster offen lasst.

Sollten sie wirklich bereit sein, mit euch zu kommen, werdet ihr über ein sehr heilkräftiges und wirksames Wasser verfügen, das mit entsprechend magischem Vermögen angereichert ist, das die Selbstheilungskräfte derjenigen, die mit ihm in Berührung kommen, verstärkt und aktiviert, und das euch innerlich reinigt, wenn ihr es trinkt.

Haben die Nymphen Namen, mit denen wir sie ansprechen können?

Sie haben Namen, aber den werden sie euch erst verraten, wenn sich eure Freundschaft lange Zeit hindurch bewährt hat. Denn ihre Namen sind nicht wie bei anderen Naturgeistern Gewänder, die sie anziehen und auch wieder ablegen, sondern sie sind immer magische Worte. Der Name einer Nymphe ist ein Instrument, das nur dem anvertraut wird, der damit umgehen kann.

Mit diesem Wort könnt ihr dem Wasser ganz gezielt eine bestimmte Qualität geben. Es wirkt z.B. entgiftend oder beruhigend oder im Gegenteil animierend, oder es hilft über Melancholien hinweg, oder es fördert die Wundheilung, oder es löst Verschleimungen, oder es senkt das Fieber, oder es lindert Entzündungen oder dergleichen. Mit dem Namen könnt ihr das Wasser entsprechend informieren, genauer gesagt: Ihr habt euch die Nymphe so zur Freundin gemacht, dass sie das für euch tut. Diese spezifische Kraft tritt dann noch zu der allgemeinen Wirkkraft des Wassers hinzu.

Nyaden (Nebelfrauen)

Auch Nebel- und Dunstschwaden sind von Wassergeistern belebt: den so genannten Nyaden (auch »Nebelfrauen« oder »weise Frauen«). Ihr findet sie auch in Seen und in Flüssen, an Stellen, wo sie sehr träge und langsam dahingleiten oder wo sich das Wasser in Ausbuchtungen am Ufer fängt und geruhsam kreist. Auch in frischem Schnee sind die Nyaden anwesend und verleihen der Landschaft die eigentümliche Atmosphäre von Ruhe und Zeit, Raum und Weite.

Die Nyaden entsprechen nicht menschlichen Proportionen. Ihr seht zwar einen Kopf mit langen, strähnigen Haaren und ausgebreitete Arme, im Übrigen aber nur ein weiß-graues Gewand, das sich sehr lang hinziehen kann. Ihre Gesichter ähneln denen von älteren Frauen, man möchte fast sagen von steinalten, wenn sie nicht gerade Wasserwesen wären. Sie wirken sehr ruhig, ein bisschen melancholisch, die Augen eigentümlich meditativ, fast leer, als guckten sie durch euch hindurch.

Ihr habt den Eindruck: Würden sie sprechen, würden sie etwas Weises sagen. Aber sie schweigen und lehren euch, Schweigen zu ertragen, Schweigen zu genießen, im Schweigen alles Wesentliche zu erfahren.

Was sie hüten, ist die Ruhe im Zentrum des Zyklons, die Ruhe vor der Aktion, das Kräfteschöpfen in der heiligen Stille, die Erinnerung an den in sich ruhenden Schöpfer vor der Schöpfung.

Was ist das Motto der Nyaden?

»Fraglos ist die Antwort.« Es wird euch nicht ganz leicht fallen, euch da hineinzufühlen und den Intellekt zum Schweigen zu bringen. Der wird immerfort Fragen stellen wollen, um sich vor dem Stillewerden zu retten. Aber ihr bekommt immer nur den nichts sagenden Blick zurück – bis ihr aufhört zu fragen, bis ihr loslasst und nichts mehr wollt.

Ihr geratet zunächst in einen Zustand der Verwirrung und der Verunsicherung, dreht euch im Kreise, brecht dann verzweifelt aus und sagt: Schluss jetzt, ich habe Pläne und Termine, die Uhr tickt, meine Zeit ist begrenzt, ich will wieder voranschreiten. Nur wer schon bewandert ist im Meditieren, wird dieses zeitlose Sich-Versenken aushalten. Damit gerät er in einen Zustand, in dem es keine Fragen mehr gibt, weil alles klar ist: in einen Zustand der Erleuchtung. Er bekommt ein Gefühl für das Einssein mit dem Schöpfer, das wird ihm eine gewaltige Stärke verleihen.

Wovon ernähren sich die Nyaden?

Sie verzehren am liebsten die Zeit, die ihr für eure Vorhaben vorgesehen habt und die sie für sich beanspruchen. Eure erste Reaktion wird kaum großmütig sein, sondern etwa: »Himmel noch mal, ich habe Termine!« Besser ist, ihr sagt gleich: »Nehmt nur den ganzen Stress und Druck, für heute sind alle Termine gestrichen, die Uhr interessiert uns nicht, wir tauchen ab und vielleicht in hundert Jahren wieder auf.« Natürlich werdet ihr schon am selben Abend wieder auftauchen. Aber ihr habt dann erlebt, dass das Wesentliche in der Zeitlosigkeit erfahren wird.

Wie kommen wir in Kontakt mit den Nyaden?

Ihr könnt Kontakt zu ihnen aufnehmen, wenn ihr gelernt habt, den Nebel zu lieben und schön zu finden. Wenn ihr euch in die Wolkenfetzen hineinbegebt, sind Nyaden um euch herum. Wagt einmal im dichten Nebel spazieren zu gehen – natürlich in einem Gebiet, das ihr kennt und wo es nicht lebensgefährlich ist. Wenn ihr die Umgebung kaum noch sehen könnt, dreht euch ein paarmal um euch selbst und macht die Erfahrung, wie es ist, wenn Vorn und Hinten verschwimmen und ihr nicht wisst, wo Ost und West ist und wo das Dorf liegt.

Es ist auch gar nicht mehr wichtig, woher ihr kamt und wohin ihr geht. Ihr könntet auch vor Millionen von Jahren da stehen, vielleicht tritt gerade ein Dinosaurier aus dem Wald. Ihr könntet auch nach Millionen Jahren da stehen und vielleicht der einzige Mensch sein, den es auf der Welt noch gibt. Das ist alles egal, alles gleichermaßen richtig; das lasst ihr los. Ihr fragt nichts, denkt nichts, plant nichts. Ihr seid einfach da und wartet ab. Alles ist möglich, es gibt nichts mehr, was ihr wollt, was ihr anstrebt, was ihr besser bewertet als etwas anderes. Dann werdet ihr das Gefühl haben: Es ist eigentlich alles klar.

Nun, ihr seid Menschen und braucht ein Ziel. Deshalb sagt euch: Ich bin gespannt, was das Erste sein wird, das ich erblicke, wenn sich der Nebel lichtet. Das mag ein Baumwipfel sein oder ein Vogel oder eine Zaunlatte oder ein Grashalm. Das ist das, worauf die Nyade euren Blick lenken wollte: das Ziel der ganzen Wanderung. Das ist das, womit ihr euch beschäftigen, dessen Symbolgehalt ihr klären solltet: Was bedeutet es für euch, welche Geschichte, welche Gedanken, welche Gefühle, welche Assoziationen verbindet ihr damit, welche Rolle spielt es in eurem Leben, welchen Wert hat es für euch?

Ihr erblickt z. B. einen Zaunpfahl, den hat euer Großvater vor 60 Jahren in den Hang gesetzt. Der Großvater hatte das und das Lebensmotto, das war seine Hauptbotschaft an euch, darauf kommt es jetzt an. Also es geht nicht um den Zaunpfahl an sich, sondern um den Symbolgehalt, den er für euch hat, um den Hinweis, den ihr von ihm erhaltet, um einen Rat, der für euch verwertbar ist und eure Lebenssituation klärt. Das ist wie eine Traumdeutung. Dann habt ihr mal so ein kleines Erlebnis mit einer Nyade.

Unabhängig davon werdet ihr aber auch die Erfahrung machen, dass das bloße Genießen des Nebels wie ein Erfrischungsbad wirkt; ihr fühlt euch wie neu geboren. Ihr wart für kurze Zeit im Zentrum des Zyklons geborgen, in dem nichts war, ihr selbst nicht wart. Ihr wart aufgehoben im vorschöpferischen Zustand, und nun seid ihr aufgehoben in der Fülle der Schöpfung. So tretet ihr nun wieder in eure Welt: gestärkt, gekräftigt, erfrischt von eurem Nebelbad.

Dasselbe könnt ihr machen, indem ihr euren Blick in einen langsam fließenden Strom oder in eine ruhige Bucht hineinsenkt, wo ihr das Gefühl habt, das Wasser stünde still. Auch da sind Nyaden und hüten ihre Weisheit: Fraglos ist die Antwort.

Unken

In unserem Sprachgebrauch heißt »unken« so viel wie: auf die negativen Aspekte hinweisen, die Stimmung verderben, Pessimismus verbreiten: »Das nimmt ein böses Ende.« Wer so redet, den nennt man eine »Unke«. Sind die Unken wirklich so?

Es beruht auf realer Beobachtung und kennzeichnet einen Wesenszug der Unken, allerdings ohne Hintergrund und Zusammenhänge voll zu erfassen. Unken weisen immer auf das hin, was ihr eigentlich nicht hören wollt, was ihr verdrängt, weil es in eure wohl geordnete Welt nicht passt. Sie stellen auch euch selbst in Frage, wenn ihr Illusionen über euch pflegt, euch für gelungen und ordentlich haltet, aber einiges zu verbergen habt – vor anderen und vor euch selbst. Sie legen, wie ihr das ausdrückt, »den Finger in die Wunde«, sie »entlarven«, sie desillusionieren und schockieren euch damit. Ihnen zu begegnen, gehört zu den zwar eindrücklichen, aber eher unangenehmen Erlebnissen.

Das fängt schon damit an, dass sie sehr unhübsch aussehen. Natürlich haben sie wie alle Naturgeister menschenähnliche Gestalt. Die wirkt aber sehr hager und knochig, als wären sie abgemagert – hohläugig mit hervorstehende Wangen, langen Zähnen, großen Nasenlöchern, langen Hälsen und Gliedern, krötenfarbener Haut, »gekleidet« mit Schlick, Moor- und Pflanzenresten, mitunter krötengroß, oft aber auch weit größer als ein Mensch. Abstoßend werdet ihr auch ihre Aufenthaltsorte finden: Sümpfe, Moore, Brackwasser, stehende Wasserlöcher, Burggräben oder alte Kanalisationsanlagen. Wenn ihr ihnen in fahlem Licht begegnet, kann euch schon ein kalter Schauer über den Rücken laufen, und sie mögen es, wenn ihr erschreckt.

Sind sie denn bösartig?

Nein, nein, sie haben ein goldenes Herz. Sie stellen euch aber vor die Herausforderung, auch das wenig Schöne zu mögen, das Schauerliche anzuschauen und in die Liebe einzubeziehen. Eines der Lieblingsworte der Engel ist ja das »Schönlieben«, und das ist die Aufgabe, vor die auch sie euch stellen. Sie hüten die heilige Formel: »Die Liebe umfasst alles!« Das heißt: Die Liebe umfasst die ganze Schöpfung, auch wenn sie durch den »Fall der Engel« verletzt ist. Sie hüten die Erinnerung an den Moment, in dem die Mutter ihre Hand dem Vater auf den Arm legte und ihn bat, die Schöpfung nicht im Zorn zurückzunehmen, sondern bestehen zu lassen.[26]

Den Menschen begegnen sie mit der Frage: Bist du imstande, alles bedingungslos anzunehmen? Auch uns in unsrem erschreckenden Aussehen? Auch die Kröten und Würmer, die Maden und Spinnen, die Ratten und Quallen usw.? Auch die anderen Menschen in ihrer Unvollkommenheit? Und vor allem: auch euch selbst mit all den Kennzeichen des Alterungsprozesses und mit den verborgenen inneren Schwächen und Hässlichkeiten? Gelingt es euch, sie ins Bewusstsein dringen zu lassen und sie zu integrieren? Oder wollt ihr vor euch selbst davonlaufen?

Der Gedanke dahinter ist: Solange ihr eurer Liebe Grenzen setzt, das Unschöne ausschließt und euch selbst nicht annehmt, bringt ihr euch und die Schöpfung ihrem Ziel der Heimkehr nicht näher. Es geht nicht darum, die Dinge auszublenden oder schönzureden, sondern sie schönzulieben. Sie

26 siehe Alexa Kriele: *Die Engel geben Antwort auf Fragen nach dem Sinn des Lebens,* S. 37.

hüten auch das Wort des Vaters im Schöpfungsbericht: »Und er sah, dass es gut war.«

Ist das ihr Motto?

Ja, doch auf den Menschen bezogen lautet ihr Motto: »Wage zu lieben.« Es geht um euren Wagemut, auch das zu lieben, was euch auf den ersten Blick eklig und grauslich, jedenfalls gar nicht liebenswert erscheint: in der Natur, bei anderen Menschen, zumal bei euren Feinden, vor allem aber in euch selbst.

Die Nagelprobe ist letztlich: »Fürchtest du dich vor dir selbst, graut es dir vor deinem Innern und suchst du es deshalb zu verbergen – oder wagst du, auch dich zu lieben?«

Die Lektion, die sie euch erteilen, ist: Werdet euch der Fehleinschätzung eurer Person bewusst. Ihr seht euch viel zu eng, ihr seht nur ein Viertel von euch und nutzt nur ein Viertel. Es gibt noch so vieles, was ihr noch gar nicht in euren liebenden Blick einbezogen habt. Solange ihr das nicht wahrnehmt, kriegt es keine Chance, schöngeliebt zu werden.

Von Jesus wird erzählt: Als sich einmal seine Jünger vor einem Hundekadaver ekelten, öffnete er dessen Schnauze und sagte: »Schaut, was für schöne Zähne er hat.« Diese Geschichte kennen die Unken und lieben sie sehr.

Wovon ernähren sich die Unken?

Von Unverschämtheiten. Wenn ein Mensch kommt und sie stört und dann noch selbstherrlich auftritt, ganz von sich überzeugt, seine Schwächen unter den Teppich kehrend, dann reizt sie das zu Schabernack: Sie können ihn z.B. in die Irre leiten, sodass er genau im Matsch auf seinen Allerwertesten fällt. Sie können dafür sorgen, dass ihm misslingt, was er vorhat, bis die Luft aus seiner Aufgeblasenheit heraus ist und er ganz klein wird. Er denkt, das passiert, weil es ihm vor den Unken graut, aber sie wissen, dass es ihm vor sich selber graut.

Das erzählen sie dann in der Gruppe, und das ist für sie, was für euch ein köstliches Abendessen wäre.

Können wir denn nicht auch in einen positiven Kontakt zu ihnen treten?

Ja, das ist möglich, wollt ihr das denn?

Ja.

Wirklich?

Jedenfalls wüssten wir gern, wie es geht.

Dann solltet ihr mal eine Nacht in einem Hochmoor verbringen, möglichst bei Vollmond, wenn es auch noch ein bisschen neblig ist. Am besten seid ihr zu zweit oder zu dritt, denn es wird euch schon ein bisschen grauen, wenn da so gebrochene Baum-Silhouetten aufsteigen und ihr nicht klar seht, was das für Formen sind, und wenn ihr die seltsamen Geräusche der Nacht nicht identifizieren könnt. Dann kommt es darauf an, nicht davonzulaufen, sondern sich innerlich zu sagen: Ich wage, das alles zu lieben und so lange hinzuschauen, bis ich entdecke, wie interessant, aufregend und spannend es ist.

Dann werdet ihr die Unken zwar nicht sehen, aber ihre Stimmen hören: ein kehlig krächzendes, gruseliges, kaltes Lachen, von dem ihr nicht wisst: Ist das eine Herausforderung, ein Grusellachen, das euch verscheuchen will? Solange ihr euch fürchtet, werden sie sich über euch amüsieren, mit ihrem knochigen Finger auf euch zeigen und euch auslachen: »Schon wieder einer, der sich für einen grandiosen Menschen hält und von dessen Aufgeblasenheit nichts übrig bleibt, wenn es ernst wird.«

Stattdessen geht lächelnd in die Richtung dieses Lachens und sagt etwas, das nicht abwertend und abqualifizierend, sondern freundlich und positiv ist. Mit der Zeit merkt ihr, dass ihr das, was ihr da sagt, auch über euch selber sagt. Wenn ihr es schafft, eure Ängstlichkeit zu überwinden, werdet ihr gestärkt aus einer solchen Nacht hervorgehen, ihr habt euch nämlich selber schöngeliebt.

Also sie treten mit den Menschen nicht in direkten Gesprächskontakt?

Ihr redet mit euch selbst und über euch selbst. Es gibt freilich auch Menschen, die mit den Unken sprechen können, aber das muss dann jemand sein, dessen Liebe, Zutrauen, Gewissheit, innere Stärke groß genug sind, um bis in das goldene Herz der Unken vordringen zu können – wie in der Geschichte »Die Schöne und das Biest«. Wenn eine Unke für euch ihre Hässlichkeit verliert, wenn ihr Vertrauen zu ihr fasst und sie zu euch, wenn ihr sie trotz allem wirklich lieb habt, wie es manchmal Kinder spontan tun, dann öffnet sie euch ihr Herz wie eine liebevolle, behütende Mutter. Dann legt sie ihre knochige Hand über euch und sagt: »Dich behüte und beschütze ich, auf dich lasse ich nichts kommen.«

Aber das bedeutet Arbeit, Vorbehaltlosigkeit, Vorurteilsfreiheit, Herzensgröße und Herzenswärme. Dann könnt ihr euch eine Unke zur lieben Mutter machen, die euch hütet wie ihren Augapfel.

Warten die Unken darauf, dass die Menschen so auf sie zugehen?

Nein, sie rechnen nicht damit. Und sie haben ihre Aufgabe ohne die Menschen, sie leben ihr Leben auch ohne euch ganz gut. Also das Dümmste, was ihr tun könnt, ist: auf sie zugehen, sie stören – und das dann nicht durchhalten. Dann werden sie sich einen Spaß daraus machen, eure Halbherzigkeit zu entlarven und zu korrigieren.

Die Unken schauen an, was sonst keiner anschaut und keiner schön findet. Bei ihnen hat alles das Platz, was sonst abgelehnt und ausgestoßen wird. Sie anerkennen z.B. keinen Unterschied zwischen Kraut und Unkraut. Sie wenden den ungeliebten Pflanzen, den ungeliebten Tieren, den ungeliebten Wesenszügen im Menschen ihre Liebe zu, wie es die Mutter tut. Insofern sind sie Vertreterinnen der Mutter auf Erden.

Wenn ihr die Unken und durch sie die Mutter verstehen wollt, macht einmal folgende Übung.

Übung

Tut einmal so, als wäret ihr Unken. Füllt einmal einen Eimer mit Schlamm, mit halb verfaulten Blättern und Gräsern und Ästchen, tut noch ein paar Regenwürmer dazu und fasst dann mit der Hand hinein. Schließt dabei die Augen und stellt euch vor, ihr fasst in euer eigenes Inneres hinein. Ihr seid nicht nur das hübsch frisierte und geschminkte Gesicht, sondern ihr seid der Schlamm, in den ihr fasst: »Den gibt es auch noch in mir.« Lasst einige unangenehme Erinnerungen an euer vergangenes Leben hochkommen. Und dann sagt euch: Das ist gar nicht so schrecklich, da gibt es hübsche Formen, es fühlt sich angenehm an, ist sogar interessant. Vielleicht spürt ihr mit innerem Aufatmen: was ihr für puren Schmutz hieltet und mühsam nicht sehen wolltet, das sind spannende und interessante Seiten an euch, das ist sogar kultivierungsfähig, das könnt ihr »schönlieben«. Die Übung wird euch Spaß machen, wohl tun und weiterführen.

III. Luftwesen

Elfen

Agar (in festlicher Kleidung): Heute ist ein Festtag für die Naturgeister, ein großer Tag der Stärkung, an dem sie feiern, tanzen und sich freuen. Fronleichnam erinnert daran, dass Jesus nicht nur für die Menschen gekommen ist, sondern für alle Wesen der Natur.

Da trifft es sich gut, dass ihr etwas über die Elfen hören wollt. Denn ihr ganzes Wirken ist Ausdruck von Freude und Dankbarkeit: Freude über die Schönheit der vielfarbig blühenden, duftenden, klingenden Natur und Dankbarkeit gegenüber der himmlischen Trinität. Sie sorgen dafür, dass die Pflanzenwelt die Schönheit des Himmels widerspiegelt und dass sie den Schöpfer lobpreist. Und das ist, was die Pflanzen wollen. Denkt nicht, die Pflanzen hätten gar kein eigenes Wollen. Sie wollen etwas, nämlich die Schönheit des Himmels widerspiegeln und den Schöpfer lobpreisen! Dass sie das können, ist den Elfen zu verdanken.

Würden die Pflanzen ohne die Elfen nicht blühen?

Doch natürlich, aber sie würden nicht das ausströmen, was euch so viel Freude, Genuss, sinnlich-angenehmes Erleben verschafft und was euren staunenden Blick in die Natur hervorruft. Sie würden nicht die Schönheit des Vaters widerspiegeln, nicht seine Freude an der gelungenen Natur, nicht den Lobpreis, mit dem die Schöpfung die Trinität verherrlicht. Eine Blüte ohne Elfen würde wirken wie aus Plastik oder wie Blumen, die in einem Keller bei Neonlicht in Wasserlösung gezüchtet worden sind. Und die Heilkräuter könnten ihre heilsame Wirkung nicht entfalten, wären kraftlos und könnten nicht einmal die Selbstheilungskräfte anregen.

Wohnen die Elfen in allen Pflanzen?

In allen blühenden Pflanzen. Es gibt große Elfen, die ganze Wiesen oder Lichtungen behüten, sie gehen euch etwa bis zur Brust. Die meisten Elfen sind nicht größer als euer Fingernagel.

Sie bewohnen jede einzelne Blüte, oder – wie z.B. bei Moosen – Blütenbüschel oder -kissen, allerdings nicht Wasserpflanzen, für die sind die Nixen und Wassermänner zuständig. Sie beleben gleichermaßen Kirschblüten, Sonnenblumen, Gänseblümchen und das so genannte »Unkraut« (den Begriff akzeptieren sie nicht) – kurz: alles, was auf Erden blüht. Es gibt also Myriaden von Elfen.

Wie sehen sie aus?

Wie junge Mädchen oder Buben von schmaler Gestalt, mit sehr feinen, hübschen Gesichtern und libellenartig rundlichen Flügelchen. Die Mädchen sehen aus, als trügen sie weit fallende Röcke und ein Krönchen oder Diadem, die Buben, als trügen sie Strumpfhosen und Wämschen wie aus Gaze, alles in den jeweiligen Farben dessen, was sie hüten.

Wozu denn die Flügel?

Sie brauchen sie nicht, um zu fliegen; sie sind ja Luftgeister. Die Flugbewegungen sind aber Ausdruck der Freude, so wie wenn ihr mit den Armen rudert und vor Freude in die Luft springt. Beim Tanzen, Schweben, Hüpfen gleiten sie über den Erdboden hin und berühren ihn nur manchmal leicht.

Wie alt werden sie?

Sie bleiben immer jung. Ist die Blüte verblüht, gehen sie und verbringen den Rest des Jahres im Rocksaum der Mutter. Im Frühling kehren sie wie Zugvögel zu ihrer Pflanze zurück. Ist sie nicht mehr da oder verdorrt, suchen sie sich möglichst eine Wirkungsstätte gleicher Art, also z.B. wieder einen Kirschbaum. Wird aus der Blüte eine Frucht, z.B. aus der Rose eine Hagebutte, zieht dort ein anderer Elf ein – dunkelrot mit etwas Grün und Braun, bis die Frucht verfault oder verspeist wird. Ihre jeweilige Lebenszeit auf Erden ist also nur einige Wochen oder Monate; da sie aber immer wiederkehren, könnt ihr auch sagen: Sie sind viele Tausende von Jahren alt.

Den ältesten und ehrwürdigsten Elf in einem Garten oder sonstigen Areal verehren die Elfen als ihren König. Er bewohnt meist einen etwas hervorgehobenen, größeren Blütenbaum oder Rosenstrauch. Er gebietet aber nichts, er führt sie abends zum Tanz, er schlägt vor, wo man sich trifft, und dem folgen sie einfach.

Gehen die Elfen weg, wenn wir die Blumen pflücken?

Wenn ihr das in guter Absicht tut, z.B. um jemand eine Freude zu bereiten, bleiben sie, solange die Blumen blühen. Sagt ihnen ein Wort des Dankes, wenn ihr die Blumen dann auf den Kompost werft. Sie haben auch Verständnis für das Jäten und Ernten und verübeln dem Bauer oder Gärtner nichts: Sie kennen dessen Notwendigkeiten ja schon seit Jahrtausenden. Sie sind sehr liebenswürdig und großmütig, betrachtet sie als kleine Freunde.

Wie sieht ihr Tageslauf aus?

In der Morgendämmerung, wenn sie erwachen, verabschieden sie sich von der »Mutter Mond«, wie sie sagen, und von den verblassenden Sternen, sie winken jedem Einzelnen von ihnen zu. Dann begrüßen sie den »Vater Sonne«, das gibt eine große Freude mit Lachen und Kichern im Garten. Sie begrüßen auch die Wolken, den Regen, den Wind. Sie begrüßen sich untereinander, erst die am selben Baum oder Strauch, dann die im ganzen Garten oder sonstigen Areal. Sie begrüßen ihren König, die Vögel, Bienen, Schmetterlinge, die da herumschwirren, jeden Regenwurm, jede Schnecke und wer sonst noch vorbeikommt, z. B. die Katze und auch die Menschen. Das geht so, bis die Sonne am höchsten steht.

Dann gibt es eine Zeit der Ruhe, in der sie lobpreisen und danken. Sie sagen dem Himmel z. B.: »Danke, dass wir sind, dass wir so sind, dass wir hier sind, dass die anderen da sind, dass dieser Vogel und dieser Mensch vorbeikam« usw. Alles wird bedankt. Das wird sehr still und innig vorgetragen.

Am späten Nachmittag wird dann wieder gelacht und gekichert und geplappert, dafür gedankt, dass es so ein schöner Tag war, und es wird der Tanz des Abends verabredet: wo und wie und mit wem. Dann wird die Sonne verabschiedet und ihr gedankt, es werden der Mond und die ersten Sterne begrüßt, die Abendwolken, der Abendhauch, der Tau.

Wenn dann die Blumen schlafen, treffen sich alle, die Lust und Laune haben, am verabredeten Platz zum Tanz. Die Elfen tanzen Reigen und Rundtänze in größeren Gemeinschaften auf einer Wiese oder um einen Brunnen oder ein Rosenbeet oder einen Baum herum.

Nach welcher Musik?

Ihr könnt euch das vielleicht nicht vorstellen, aber die Natur ist voll von allen möglichen Rhythmen und Melodien: Der Wind, der Sternenhimmel, der Mondschein, der Wolkenhimmel sind erfüllt von Klängen, die ihr nicht mit den äußeren, aber mit den inneren Ohren hören könnt. Mitunter singen die Elfen auch eigene Melodien. Und bei Regen tanzen sie nach den dumpfen Rhythmen, in denen er niedertrommelt. Danach begeben sich alle zu ihren schlafenden Blüten und schlafen auch.

Was lautet das Motto der Elfen?

Ihr kennt doch das Lied: »Ich bete an die Macht der Liebe.« Das ist ihr Motto, wobei ihr »Liebe« auch ersetzen könnt: »Ich bete an die Macht der Schönheit.« Sie wollen die Schönheit des Schöpfers und seiner Schöpfung widerspiegeln, die Erinnerung daran lebendig halten und der Dankbarkeit dafür Ausdruck geben. Sie kennen übrigens die Melodie dieses Liedes, sie singen sie gern und tanzen dazu. Sie kannten sie schon, ehe sie durch Inspiration der Engel zu den Menschen gelangte, sie ist eine Schöpfung des Himmels. Auch die Engel pflegen sie in den heiligen Nächten des Frühlings, des Sommers und des Herbstes zu singen.

Haben sie eine Botschaft an uns Menschen?

Ja, sie möchten euch gern klar machen, dass die Schöpfung wesentlich aus Klang, Duft und Farbe besteht und nicht nur aus Materie. Sie selbst ernähren sich von nichts anderem als von Klang, Duft und Farbe: von den Melodien und Rhythmen der Gestirne, des Regens, der Winde, von den Düften der Natur, von den Farben z. B. des Sonnenuntergangs oder des silberhellen Mondes.

Es ist ihnen unverständlich, dass ein Mensch stumpf durch die Natur gehen kann, ohne sich ihrer zu erfreuen, schimpfend und wütend oder mit einem Radio. Über so jemanden lachen sie sich kaputt: eine komische Karikatur von Mensch – das kann doch nicht wahr sein! Aber wenn sie zur Kenntnis nehmen müssen, dass Menschen tatsächlich die Blumen niedertrampeln oder mit Bulldozern die Natur zerstören, dann sind sie entsetzt, suchen das Weite und warten irgendwo zitternd vor Angst, bis das vorbei ist und sie sich aus ihren Verstecken wieder hervortrauen können. Dann schauen sie, was man noch retten oder wieder gutmachen kann.

Aber trotzdem hören sie nie auf, den Menschen doch wieder zu vertrauen und sie zu lieben. Ihr könnt euch immer darauf verlassen, dass sie eure Freunde sind. Sie sind überaus liebenswürdige Wesen mit einer Grundstimmung des Wohlgesonnenseins. Sie vergeben fast alles und gehen immer davon aus, dass die Menschen gut sind, empfänglich für die Schönheiten der Natur und voller Dankbarkeit gegenüber dem Himmel.

Was können wir tun, damit wir ihr Vertrauen und ihre Liebe verdient haben?

Macht euch einmal klar, in welchem Klang, welchem Duft, welcher Farbe ihr euer individuelles Wesen am besten ausgedrückt findet. Gibt es z.B. ein Lied, eine Sequenz aus einem klassischen Musikwerk oder aus der Liturgie, von der ihr sagen würdet: Das bin ich, das spiegelt mich wider, das ergreift mich zutiefst, und wenn man das singt, meint man mich? Und gibt es einen Duft, der mich in ähnlicher Weise beschreibt? Und gibt es eine Farbkomposition oder – wenn euch das zu abstrakt erscheint – eine Blüte, deren Farbenspiel »mich ausmacht«?

So bekommt ihr einen Blick für die Elfen und könnt sagen: Wenn ich eine Elfe wäre, dann wüsste ich, welches Lied ich zum Tanz beitragen, welchen Duft ich hüten würde, in welches Farbspiel ich gekleidet wäre. So macht ihr euch den Elfen ein wenig ähnlich. Wenn ihr auf diese Weise versucht, ihnen näher zu kommen, macht ihr sie überglücklich. Sie werden Tag für Tag dem Himmel dafür Dank sagen, dass ihr so seid, wie ihr seid, dass die Schöpfung voll von so unendlicher Schönheit ist und dass sie so viel Grund zu Freude und Dankbarkeit bietet.

Feen

Feen sind nicht den Pflanzen oder Tieren zugeordnet, die Luft ist ihr Zuhause. Sie wohnen in den Lüften, bewegen sich mit dem Wind, wirken in seinem sanften, angenehmen Hauch (nicht im Sturm – das tun die Wimmen, und nicht in Böen – das tun die Geistchen). Sie sind sehr fein, zart, durchsichtig-schimmernd, haben fast die Konsistenz von Gedanken. Das gilt auch für ihre Kleidung, die sie wechseln wie Gedanken und die euch erscheinen mag wie aus fernen Ländern oder alten Kulturen. Sie treten stets als reife, voll erblühte Frauen auf, nie kindlich oder greisenhaft und nie männlich. Eine Fee ist größer als ein Mensch, kann sich aber auf die Größe einer Kinderhand zusammenziehen, z.B. wenn sie einem Kind erscheinen will, ohne es zu erschrecken. Feen sind unter allen Naturgeistern diejenigen, die den Engeln am nächsten stehen, sowohl in ihrem Aussehen – auch sie haben Flügel – als auch in ihrem überaus gütigen und freundlichen Wesen.

In den Märchen erscheinen sie meist, um eine Wunscherfüllung zu verheißen.

Ihre Aufgabe – auf die Menschen bezogen – ist, euch dem Wirken des Heiligen Geistes zu öffnen, euch empfänglich zu machen für Inspirationen oder Fügungen des Himmels und auch, eure guten Absichten und Pläne zu beflügeln. Damit tragen sie mittelbar zur Erfüllung eurer innigsten Wünsche bei. Das wird in den Märchen etwas verkürzt angedeutet.

Magst du uns ihre Aufgaben noch etwas eingehender schildern?

Dazu ist erforderlich, dass ihr euch zunächst erinnert: Der Heilige Geist ist nicht ein seltener Besuch an ausgewählten Orten. Er ist immer und überall gegenwärtig, er durchdringt die ganze Schöpfung, und zwar in Hülle und Fülle. Er umgibt euch wie die Luft oder wie das Wasser den Fisch. Die Luft ist erfüllt von Heiligem Geist, sofern sie rein und klar und nicht verschmutzt oder vergiftet ist. Es geht nur darum, ihn wahrzunehmen, sich von ihm berühren zu lassen. Dass ihr das tut, ist der Wunsch der Feen.

Sie wirken darauf hin, dass ihr eure inneren Barrieren niederreißt und euch für seine Eingebungen öffnet. Sie machen euch dazu bereit oder versuchen es wenigstens. Sie schaffen nicht nur das Ambiente, die Stimmung, die Frische. Sie sorgen auch für die Kühle des Kopfes und die Wärme des Herzens, die ihr dazu braucht.

Was ist ihr Motto?

»Wir fügen zusammen«, d. h. wir verbinden, wir schlagen die Brücke. In den Märchen wird das dadurch angedeutet, dass sie dem Prinzen die Braut zuführen. Aus der griechischen Mythologie kennt ihr den »Kuss der Musen«, der bewirkt, dass die himmlische Inspiration vom Künstler empfangen und umgesetzt wird. Ja, den Feen hat die himmlische Mutter eine wahrhaft heilige Aufgabe zugewiesen: euch für das Wirken des Heiligen Geistes und damit der ganzen Trinität zu öffnen.

Wie machen sie das?

Ihr habt doch schon öfter die Erfahrung gemacht, dass der Wind die trüben Gedanken wegbläst und euch einen klaren Kopf verschafft. Auf der rein physikalischen Ebene lässt sich verstehen, dass er die Stirn kühlt und eine bessere Durchblutung anregt. Manchmal aber erlebt ihr Wirkungen auf Geist und Seele, die sich daraus allein nicht erklären lassen. Ob ihr es glaubt oder nicht: Im Wehen des Windes ist eine Fee oder vielleicht eine ganze Feenschar vorbeigerauscht oder sogar ziemlich wild dahergetollt. Während der Wind eure Haut streichelt, bewegt sie euer Inneres: Sie erinnert euch an etwas, befreit euch aus euren Gedankenmühlen, euren inneren Diskussionen und Streitigkeiten, beruhigt und ermuntert zugleich, löst innere Spannungen, klärt Fragen, öffnet euch für Inspiration. Sie lässt euch erkennen, was euch wesentlich ist. Dazu gehört auch, was ihr eigentlich wünscht, sodass es sich tatsächlich in der Außenwelt bewegen kann, und das heißt: dass eure Wünsche in Erfüllung gehen können.

Also der Schatz, den die Feen hüten, ist die Offenheit für das Wirken des Heiligen Geistes?

Richtig. Sie hüten die Klarheit, die Reinheit, die Frische des Morgenhauchs, sie hüten den friedvollen Segen des Abendhauchs: Lege dein Haupt nieder und ruhe aus. Dank ihrer Anwesenheit habt ihr es im Lufthauch nicht nur mit Physik und Chemie zu tun, sondern mit dem Odem des Lebens, der euch umfließt, ja euch – spirituell gesehen – am Leben erhält. Ihr kommt auf die richtigen Gedanken, auf gute Einfälle, Ideen und Erkenntnisse, ihr werdet offen für Inspirationen des Himmels. Der Wind tritt in verschiedenen Formen auf – stärker oder schwächer, die Feen erfüllen die Formen mit Heiligkeit, Fröhlichkeit, Leichtigkeit, Lichthaftigkeit, Zuversicht, neuem Staunen. Wenn ein Mensch das aufnimmt, öffnet er seine Seele dem Wirken des Heiligen Geistes. Die Feen erzeugen die schönen und lichten Gedanken nicht, sie öffnen euch, sodass ihr sie aufnehmen mögt.

Dann tragen sie sie auch weiter, d.h. sie sorgen dafür, dass sich die schönen und lichten Gedanken ohne Worte verbreiten und bei anderen ankommen. Das ist die geheimnisvolle Wirkung des so genannten »morphogenetischen Feldes«

(Sheldrake). Wenn ihr düstere Gedanken verbreitet, dann sind die Feen einfach nur traurig, sie sind ja friedlich und können nichts tun. Sie lassen sich vom nächsten Windhauch weitertragen oder kehren zur Mutter zurück.

Wenn ihr euch schwer tut, euch dem Himmel zu öffnen, bieten sie euch eine Hilfe an: Sie setzen Zeichen, die euch auf die richtige Fährte bringen. Da sind sie sehr einfallsreich und humorvoll. Vielleicht habt ihr selbst schon erlebt, dass ihr aus euren düsteren Gedanken aufgeweckt worden seid, weil da ein kleines Lichtergeblitzel entstand, ein Vogel für euch vor dem Fenster sang, ein Schmetterling auf eure Hand flog, Blätter auf euch herabflatterten oder euch ein Apfel leicht auf den Kopf fiel. Vielleicht habt ihr euch gedacht: Hoppla – das sollte doch etwas meinen, da will mir jemand etwas sagen! Die Feen lieben es, Menschen durch solche Zeichen zu wecken, sodass sie aufmerksam werden und fragen, was damit gemeint sein könnte.

In welcher Musik finden wir das Lebensgefühl der Feen wieder?

Es geht ihnen nicht um Ausdruck von individuellen Emotionen, sondern um gedankliche Klarheit und Reinheit, ja fast mathematische Stimmigkeit der Melodien, in der sich himmlische Schönheit widerspiegelt. Und die findet ihr aus Sicht der Feen am besten bei Bach und in bestimmten gregorianischen Gesängen. Wollt ihr die Welt der Feen betreten, euch in sie einfühlen und euch auf die bewusste Begegnung mit ihnen vorbereiten, dann ist es hilfreich, sich in diese Musik zu versenken.

Wie kommt es denn zum Kontakt mit den Feen? Schweben sie nicht einfach nur für einen Moment mit dem Wind vorüber?

Wenn sie sehen: Da ist ein Mensch, der sich ansprechen lässt, dann halten sie inne, lassen sich für eine kleine Weile in einem Baum oder auf einem Vordach nieder oder setzen sich auf eine Treppe und schauen, warum einem Menschen die Tränen herabfließen und ob sie ihn wieder zum Lächeln bringen können.

Was können wir von uns aus tun, um sie zum Bleiben zu bewegen?

Wenn ihr das wirklich wollt, solltet ihr einige Vorbedingungen erfüllen. Ich gebe auch dazu eine Übung.

Übung

Erstens: Gebt Acht auf das feine Gewebe der Gedankenwelt. Lernt schätzen, dass es Erkenntnisse von einer anderen, subtilen Qualität gibt: Aha-Erlebnisse, Inspirationen, die Erfahrung: Mein Kopf war dumpf, jetzt ist er frei.

Zweitens: Gewinnt Freude daran, neue Gedanken aufzunehmen, Entwürfe aufzugreifen, fortzuspinnen und zu überprüfen, auch die Gedanken anderer Menschen aus anderen Zeiten und Kulturen nachzuvollziehen, also gedankliche Weltreisen zu machen.

Drittens: Macht Spaziergänge draußen im Wind und lasst euch alle Sorgen, allen Ärger, alle Argumentationen und Streitigkeiten aus dem Kopf wehen. Hört mal auf, selber zu denken und schaut: Was für ein lichter Gedanke will sich bei mir ansiedeln? Welche Fee küsst mich gerade? Öffnet euch für neue »Einfälle«, lasst sie zu.

Viertens: Macht euch bewusst, dass die Luft ein heiliges Medium ist, so etwas wie Fruchtwasser: Leben spendend, Sicherheit und Geborgenheit gewährend. Empfindet sie als ein Zuhause, in das man sich hineinkuscheln kann, wo man nicht mehr allein ist, wo man sich wohl fühlen kann, durch das man gut versorgt ist. Es atmet sich von allein, ist immer genug, gut und erfüllend: Ihr braucht nicht zu darben, ihr leidet keinen Mangel.

FÜNFTENS: Dann lasst überhaupt alle Gefühle des Mangels fahren wie: Ich bekomme nicht genug von dem, was mir zusteht, nebst allen Folgegefühlen wie Neid, Eifersucht, Ressentiment, Ablehnung jeder hierarchischen Ordnung. Vielmehr erfüllt euch mit dem Bewusstsein: Ich bin umgeben von einer wunderbaren Kraft, vom Odem des Heiligen Geistes, es kann mir nichts passieren, er ist für mich da, denn er ist immer und überall gegenwärtig. Wenn euch das nicht nur theoretisch klar ist, sondern euch zur erfahrenen Realität geworden ist, dann seid ihr in der Welt der Feen angekommen, dann könnt ihr euch die Feen zu Freunden machen. Ihr könnt sie dann sogar zum Bleiben auffordern, sie bitten, in eurer Nähe – in diesem Baum oder dort am Waldrand – zu wohnen.

Und dann bleiben sie?

Sie bleiben, solange ihr sie bewusst einsetzt und sie z. B. bittet: »Geht zu jenem mit dem schweren Kopf und den trüben Gedanken, der nicht weiß, wie er leben oder ob er sich vielleicht umbringen soll. Öffnet ihn für gute Gedanken.« Dann arbeiten sie für euch, ihr seid dann sozusagen Feenmeister. Wenn ihr dann allerdings keine Aufträge mehr für sie habt, heben sie sich in die Lüfte und schweben davon. Solange sie bei euch bleiben, wundert euch nicht, wenn sie von Zeit zu Zeit abwesend sind: Sie kehren in kurzen Abständen zur Mutter zurück, werden aber sehr bald wieder bei euch sein.

In welchen Zeitabständen gehen sie zur Mutter? Wie alt werden sie?

Sie verbringen jeden siebten Tag bei der Mutter und sind dann wieder sechs Tage auf der Erde, manchmal ist das Verhältnis auch fünf zu zwei Tagen. Aber das bedeutet nicht, dass sie höchstens eine Woche alt werden, jedenfalls wäre es missverständlich, das so auszudrücken. Denn sie behalten hier wie dort ihre Identität und ihre Erinnerungen, sie kehren mit derselben Individualität auf die Erde zurück. Ihre kurze Heimkehr ist so etwas wie ein »Auftanken«. Sie pendeln also zwischen Erde und Mutter hin und her. Sie sind voller Zuversicht, immer bereit, ein wenig vom Himmel auf die Erde zu bringen, indem sie dem Heiligen Geist den Weg zu euren Köpfen und Herzen frei machen.

Sylphen

Sylphen findet ihr vorzugsweise an Orten, von denen aus ihr einen weiten Blick in die Ferne habt: z. B. auf den Felsklippen am Meeresstrand, in Wüsten, in Hochebenen oberhalb der Baumgrenze, in weit gestreckten Weide- und Marschlandschaften. Mitunter leben sie auch auf Friedhöfen, in Kirchen oder an anderen heiligen Stätten, wo sehr viel Ruhe herrscht und die Enge des Raumes durch die Weite der Ewigkeitsperspektive ausgeglichen wird. Denn ihr Blick in die Ferne ist immer zugleich ein Blick in die Zukunft bis hin zur Heimkehr der Schöpfung in die Ewigkeit.

Ihr Element ist die Luft, auch wenn sie Wert darauf legen, dass sich in ihrer Nähe Wasser befindet – und sei es nur ein Tümpel oder Sumpf. Ihr erlebt sie aber in der Luft nur bei Windstille: Es rührt sich kein Blättchen, es herrscht ein Moment der Ruhe wie zwischen Ein- und Ausatmen, eine Phase, in der noch nichts entschieden, alles noch im Werden ist, ein Fest der Besinnung: Was soll werden? Wo will ich hin? Wie kann ich werden, was ich eigentlich bin?

Welchen Schatz hüten sie?

Das Heimweh, die Sehnsucht nach dem Zustand der Vollkommenheit und der Vollständigkeit, die Wehmut darüber, dass der Weg dahin noch so weit ist, das Bewusstsein des Unterwegsseins: Die ganze Schöpfung ist auf der Wanderschaft.

Die Sylphen sprechen so gut wie nie in Worten, sondern nur mit Blick und Gesten – sie sind einsame Schweiger. Fragt ihr sie, wo eure Heimat ist, so ließe sich ihre Antwort so in Worte übertragen: »Heimat habt ihr auf Erden letztlich überhaupt nicht. Selbst wenn ihr in eurer Familie glücklich lebt, so seid ihr dort nur vorübergehend zu Gast. Was ihr lebt, kann euch nur teilweise erfüllen und befriedigen. Ein Teil von euch wird nie ganz verstanden, auch von euch selber nicht. Ihr gebt euch alle Mühe, und wenn etwas davon gelingt, ist es beglückend und hoffentlich heilsam für die Erde, und doch: es war nicht alles, es bleibt eine Episode. Ihr seid mit dem, was euch letztlich ausmacht, in der Fremde; euer Zuhause ist woanders.«

Man sagt, die Sylphen blicken immer so melancholisch ins Leere.

Sie blicken nicht ins Leere, sondern in die Ferne: auf den Horizont und über ihn hinaus ins Universum bis zur nächsten Galaxie oder in die Zukunft bis zur nächsten Wiederkunft Christi, in die nächsten Jahrtausende und was dann wohl kommen wird. Sie tun das mit dem melancholischen Bewusstsein: Auch das, was dann kommen wird, wird nur etwas Vorläufiges sein und nicht die Erfüllung bringen. Nichts ist vollkommen und nichts ist vollständig; alles Leben auf Erden besteht aus Zwischenstationen auf dem Weg »vorwärts zurück« zur ewigen Heimat. Dieses Bewusstsein ist zusammengefasst in der Formel: »Nichts ist alles.«

Das ist ihr Motto?

Ja. Es besagt: Nichts kann jemals alles sein, bis ihr wieder zu Hause seid. Dann aber gilt nicht etwa das Umgekehrte, also dann ist nicht alles nichts, sondern dann ist alles in allem, dann ist also der Zustand erreicht, in dem ihr aufatmen und sagen könnt: Jetzt ist alles Heimweh, alle Sehnsucht, alle Wehmut, alle Fremdheit, alles Vorläufige, alles Unvolkommene und Unvollständige überwunden. Gott wird »alle Tränen abwischen, und es wird kein Tod mehr sein, keine Trauer, kein Klagegeschrei, keine Mühsal, denn das Frühere ist vorüber« (Offb. 21,4).

Wie können wir uns das Aussehen der Sylphen vorstellen?

Sie sind größer als ein Mensch, immer weiblich. Sie sind Jahrtausende alt, ihr würdet in ihnen aber dreißig- bis vierzigjährige, sehr fraulich und apart wirkende Schönheiten sehen. Ihre Ausstrahlung ist nicht sinnlich oder erotisch, sondern eher streng zurückhaltend, würdevoll, sehr ernst. Dazu passt ein blaugraues Trauertuch über einem schlichten, altgriechisch wirkenden Gewand. Die gewellten Haare sind im Nacken zu einem lockeren Knoten gebunden. So sitzen sie z.B. an eine Felsklippe gelehnt und blicken in die Ferne.

Das erinnert an Goethes Iphigenie, die sehnsuchtsvoll übers Meer blickt, »das Land der Griechen mit der Seele suchend«.

Ja, das ist ein treffendes Bild. Auch die Sylphen erwarten, was kommt. Sie erwarten die Zukunft, die sie dann aufnehmen und in Gegenwart verwandeln, sie gewissermaßen vertilgen. Oder in einem anderen Bild: Sie bewegen sich mit der ganzen Schöpfung in die Zukunft hinein. Es ist ja eine Frage der Perspektive, ob man sagt: Die Zukunft kommt auf uns zu, oder wir bewegen uns auf sie zu.

Wie können wir mit den Sylphen in Kontakt kommen?

Das ist nicht leicht, aber auch nicht unmöglich. Wenn ihr es ernsthaft versuchen wollt, begebt euch in die Einsamkeit, und zwar für mindestens sieben Tage, wenn möglich für vierzig Tage. Es muss nicht die Wüste, es kann auch eine Steppenlandschaft, ein Hochplateau oder ein unbelebter Meeresstrand sein. Wichtig ist, dass ihr wirklich allein seid – nicht in trauter Zweisamkeit! Dazu gehört, dass ihr nicht abends ins

Hotel geht und mit irgend jemandredet, sondern unter freiem Himmel schlaft. Wichtig ist ferner, dass ihr außer dem Nötigsten – Wasser, Nahrungsmittel, Decke oder Schlafsack – nichts mitnehmt, keine Bücher, Arbeitsunterlagen, Uhren, Kalender usw., dass ihr nichts plant und euch keine festen Vorstellungen von dem macht, was ihr dort tun und erleben wollt. Schaut einfach, was mit euch passiert.

Es kann sein, dass ihr sehr überraschende und aufregende Erfahrungen machen werdet. Es wird vieles vernehmbar werden, was sonst in der Geschäftigkeit des Alltags übertönt und überschrien wird. Normalerweise geht es ja zu wie in jenen Klassik-Cafés, wo im Hintergrund leise Bach erklingt, während alles durcheinander redet und niemand zuhört. In der Einsamkeit ist der Lärm verstummt, ihr braucht dann nur noch eure Gedankenmühlen zum Stillstand zu bringen. Das ist Arbeit genug! Doch wenn es euch gelingt, könnt ihr das Erlebnis haben, dass die Ewigkeit in die Gegenwart einbricht.

Wenn ihr wirklich einen solchen Versuch unternehmt, werden die Sylphen aufmerksam werden und erkennen: Da ist jemand, der ihnen ähnlich ist. Sie werden euch sehr lieb gewinnen, ihr werdet ihnen zum Freund. Dann versucht nicht, mit ihnen zu reden, respektiert ihre schweigsame Art. Blickt mit ihnen in die Ferne, wo der Horizont am weitesten ist. Vielleicht wird euch eine Sylphe ihr Gesicht zuwenden und euch mit einem glücklich-entspanntem Ausdruck anlächeln. Die graublaue Gestalt bekommt einen rosa Schimmer. Dann kann es sein, dass sie euch den Arm um die Schulter legt oder mit der Hand über eure Haare streichelt, als wollte sie sagen: »Dich behüte ich, dich schütze und stütze ich.«

In dieser Geborgenheit wird es euch leichter möglich sein, euch an das zu erinnern, was das Wesentliche ist, das euch ausmacht. Und wenn ihr die Augen schließt, könnt ihr ein Gefühl dafür bekommen, wie es wohl sein mag am Ende der Zeiten. Ihr taucht ein in das Meer des Lichts, der Erleuchtung, in einen Zustand, der dem Endzustand ähnlich ist. Ihr spürt ein wenig, wie es damals zu Hause beim Vater war, und habt das Gefühl: so wird es wieder sein. Eine kurze Rückkehr zum Vater ist vielleicht zu viel gesagt, aber ihr werdet eine Ahnung davon bekommen, wie sie sich anfühlen würde. – Der Ort, wo euch dieses Erlebnis widerfahren ist, wird für euch ein heiliger Platz geworden sein, an den ihr immer wieder zurückkehren werdet.

Können wir eine Sylphe, die uns ihre Freundschaft geschenkt hat, auch bitten, mit uns zu kommen?

Es gibt Beispiele dafür, dass eine Sylphe es übernommen hat, einen heiligen, ehrwürdigen Raum zu hüten, der ihr die nötige innere Weite und deshalb genug Horizont bietet: eine karge Klosterzelle oder sonstigen Raum, der durch regelmäßiges Beten, Meditieren oder Kontemplieren geheiligt ist und den ihr weiterhin dazu nutzt. Das geht natürlich nur, wenn ihr dort täglich stundenlang still sitzt und durch eure Innenarbeit die Weite offen haltet, in der eine Sylphe leben und atmen kann. Wenn ihr das nicht gewährleisten könnt, dann lasst die Sylphe an ihrem Platz und pflegt die Freundschaft, indem ihr von Zeit zu Zeit in ihren Arm zurückkehrt.

[illegible]

[illegible]

[illegible]

[illegible]

[illegible]

[illegible]

Wimmen

Während ihr die Sylphen bei Windstille, die Feen bei sanftem Wehen erlebt, begegnet ihr den Wimmen in Sturm und Gewitter. Die äußeren Ohren hören es jammern und »wimmern«, die Fensterläden klappern, es saust und ächzt unter den Dachsparren, es rauscht und knackt in den Bäumen, Häuser und Schiffe sind bedroht. Mit den »inneren Ohren« hört ihr das Heulen der Wimmen, der Klagegeister, der Zorneshorden – aber auch ihr Jauchzen.

Sie sind den Undinen nicht unähnlich. Auch sie lieben das wilde, brausende, rasante Toben, die Turbulenzen, die die Gegenstände durch die Lüfte wirbeln und die Wellen aufpeitschen.

Es gibt sie nur in Bewegung: zornig, aber zugleich randvoll mit »Gaudi«: »Wir tun, was wir wollen, keiner kann uns aufhalten. Was wir in der Menschenwelt anrichten, ist uns ganz egal. Die Menschen sollen sich darauf einrichten, dass wir von Zeit zu Zeit kommen und ihre Ordnung durcheinander wirbeln; sie sollen sicherer bauen oder noch besser: da wegbleiben, wo wir zu kommen pflegen.«

Was für ein Bild können wir uns von ihnen machen?

Malt sie in Horden mit großen Glutaugen und siegessicherem Lächeln, die mit den Wolkenfetzen wie auf Rossen daherstürmen, mit wehenden Haaren, die männlichen mit aufgezwirbelten Bärten, vornweg einer mit geballter Faust und der Fahne der »liberté« – wie auf den klassischen Gemälden der

Französischen Revolution. Man sieht nur Gesichter und die Hände, die die Mähnen oder Zügel der Rosse halten.

Was tun sie, wenn sich der Sturm legt?

Ihr Leben ist nur kurz, Stillstand und Ausruhen gibt es für sie nicht. Wenn der Wind langsam einschläft, sind sie weg, ihre ganze Horde ist mit einem Schwung heimgeritten zur Mutter. Dort warten sie auf neue Ausflüge zur Erde.

Hüten auch die Wimmen einen himmlischen Schatz?

Oh ja, sie hüten die Erinnerung an den göttlichen Zorn und damit an die Größe des Vaters.

Im Alten Testament spielt der Zorn Gottes an vielen Stellen eine zentrale Rolle. Ihr wisst aber, dass euch auch die Evangelien von kurzen, aber kräftigen Zornesausbrüchen Jesu berichten; denkt z.B. an die Szene der Reinigung des Tempels[27] oder an Jesu Weherufe über die Schriftgelehrten und Pharisäer.[28] Ihr wisst auch, dass bei Jesu Kreuzestod die Erde im Zorn erbebte und der Vorhang des Tempels von oben bis unten zerriss.[29] Ein Gewittersturm heulte von den Mauern, und selbst den Menschen, die keine Ahnung von Jesus hatten, wurde es angst und bange. Sie wussten: Da sind die Tore des Himmels für den heiligen Zorn und das heilige Entsetzen des Vaters geöffnet.

Die Aufgabe der Wimmen ist, euch von Zeit zu Zeit daran zu erinnern, dass eure vermeintlichen Sicherheiten letztlich illusionär sind. Sie rufen euch gewissermaßen zu: »Ihr habt alles so hübsch säuberlich und überschaubar geordnet und denkt, ihr könntet sicher schlafen. Nichts ist sicher. Wer seid ihr eigentlich, wie lebt ihr, was tut ihr? Habt ihr die Macht des

27 Mk. 11,15–19; Mt. 21,12–17; Lk. 19,45–48; Joh. 2,13–16.

28 Mt. 23,13–39; Lk. 11,39–52.

29 Mt. 27,51.

Himmels bedacht oder sie klein geredet? Dann braucht es ab und zu mal etwas, das euch zeigt: Ihr selbst seid ganz klein. Wenn der Vater wollte, könnte er mit dem Finger schnippen und die ganze Schöpfung gäbe es nicht mehr. Dass er das nicht schon längst getan hat, verdankt ihr den Bitten der Mutter und des Sohnes. Aber auch die Natur ist mit einem großen Potenzial Zorn ausgestattet, der euch zermalmen könnte. Vergesst das nicht!«

Wie lautet das Motto der Wimmen?

»Wacht auf!« Das bedeutet einerseits: Werdet wach für die Größe des Vaters und die Macht der Natur! Ihr seid nicht die Herren und Meister der Welt, ihr habt nicht alles im Griff, es ist nicht alles beherrschbar und machbar. Führt keinen Machtkampf, weder mit dem Vater noch mit der Natur. Verschwindet aus den Gegenden, wo wir regelmäßig mit Hurrikans, Tornados oder Taifunen kommen, oder baut dort so stabil, dass euch diese nichts anhaben können. Sonst werden wir euch an eure Kleinheit erinnern und eure Selbstüberschätzung zertrümmern.

Das Motto bedeutet andererseits aber auch: Werdet wach für eure eigene Größe als Gottes Ebenbild und Gleichnis! Empfindet euch als heilige Geschöpfe des Vaters und achtet die heiligen Kriterien der Schöpfung! Ihr seid weder hilflose arme Würmer, die immer alles falsch machen und zertreten werden, noch seid ihr berechtigt, euch selbst als Repräsentanten des göttlichen Zorns zu verstehen und andere zu unterdrücken, weil sie das Falsche denken oder glauben oder tun und ihr alles viel besser wisst und könnt.

Deshalb wacht auf! Achtet die heiligen Kriterien der Schöpfung in der Würde der anderen, in der Würde der Natur und ihrer Gesetzlichkeiten, in der Heiligkeit der Freiheit, in der hierarchischen Ordnung des Himmels, in den Bedingungen und langsamen Geschwindigkeiten des Wachsens und Werdens, in eurer Verantwortung für euch, für die anderen, für die Natur, für die schlussendliche Heimkehr der Schöpfung. Findet die euch angemessene Position!

Welches ist die richtige Position?

Die an Christus orientierte. Ihr seid klein angesichts eines Orkans – das erinnert euch an eure Kleinheit angesichts des Universums und angesichts Gottes. Aber ihr seid groß genug, dass Christus in euch wohnen und als Bruder an eurer Seite gehen kann. Wenn ihr diese Position gefunden habt, dann könnt ihr euch in eurer Vorstellung zu unseren Horden gesellen und mit uns über Berg und Tal fegen, und das wird ein Riesenspaß sein – für euch und für uns.

Kommen die Wimmen, um zu rächen oder zu strafen?

Rache und Strafe gibt es weder im Himmel noch unter Naturgeistern. Gott straft nicht, und auch wir Naturgeister strafen nicht – nie, in keinem einzigen Fall, nicht einmal wenn ihr Atombomben baut und einsetzt. Es macht keinen Sinn, Menschen klein zu machen, das nützt gar nichts. Es macht nur Sinn, sie in ihre Größe zurückzuführen und ihnen ihre Heiligkeit und ihre Verantwortung bewusst zu machen. Der erste Schritt dazu ist allerdings, dass sie sich nicht in eine illusorische Größe verrennen, nicht glauben, die Natur vollständig beherrschen und die hierarchische Ordnung des Himmels missachten zu können. »Wacht auf!« heißt: Erinnert euch eurer Kleinheit *und* eurer wahren Größe!

Die Wimmen verzehren eure Verschlafenheit und Trägheit – davon ernähren sie sich. Sie zeigen euch euren Platz in der Natur. Was euch aggressiv erscheinen mag, ist nur spontan, es geschieht unbeherrschbar und unberechenbar. Die Natur setzt ihre Aktionen gegen eure, aber nicht in der Absicht moralischer Verurteilung oder Belehrung. Sie demonstriert einfach nur ihre Lebendigkeit und Eigenständigkeit. In ihren Stürmen und Orkanen klagen und wimmern die Wimmen und jauchzen lustvoll: Seht her! Und wacht auf! Sie kommen einfach, wirbeln alles durcheinander und verschwinden wieder, das macht ihnen Spaß, auch wenn dabei etwas kaputtgeht. Ihr Kommen ist wie der Weckruf einer Posaune: »Nicht weiterschlafen! Es ist schade um die Zeit! Euer Leben ist zu kurz, als dass ihr die ganze Zeit schlafen könntet!«

Können wir uns die Wimmen zu Freunden machen?

Das ist schwierig, weil sie sehr kurzlebig sind und ihr kaum denselben wiederbegegnen werdet. Ihr könnt nur für einen Moment ihre Aufmerksamkeit und Sympathien erwecken und so Kontakt herstellen. Erste Voraussetzung ist, dass ihr das Mitreißende des Windes liebt und euch lachend hineinbegebt, so hellwach und aktiv, dass ihr am liebsten mitreiten würdet. Die zweite Voraussetzung ist, dass ihr das in der richtigen Haltung gegenüber dem göttlichen Zorn tut: weder in verzagter schuldbewusster Selbstunterschätzung noch in prometheischer Selbstüberschätzung

Die richtige Haltung ist in der Messe angedeutet, wenn es heißt: »Schau nicht auf unsere Sünden, sondern auf den Glauben deiner Kirche«, mit anderen Worten: Es gibt vieles an mir, worüber man zürnen könnte, und doch darf ich stolz sein, weil ich ein Kind Gottes und mir meiner Verantwortung bewusst bin. Dann werden die Wimmen das wahrnehmen und sich voll jubelnder Freude sagen: »Da ist einer, der ist schon wach, der ist lebendig, der steht uns nahe, den mögen wir.« – Das gibt dann eine gemeinsame tolle, wilde Jagd, und die ist für sie natürlich etwas sehr Schönes.

Geistchen

Wenn ihr einen plötzlichen Windstoß, eine Böe, einen Luftzug, ein wirbeliges Lüftchen erlebt, dann wisst, dass auch darin Naturgeister gegenwärtig sind, die so genannten »Geistchen«. Sie möchten euch daran erinnern, dass es sich mit dem Heiligen Geist verhält wie mit dem Wind: Er weht, wo er will.[30] Der Heilige Geist ist immer da, so wie die Luft um euch herum ist, aber nur in bestimmten Situationen nehmt ihr ihn wahr und fühlt euch von ihm berührt. Es ist wichtig, dass ihr sein Wehen immer bewusster wahrnehmt und schneller und adäquater darauf reagiert. Das setzt voraus, dass ihr die geistige Schläfrigkeit überwindet, dass ihr wach und offen seid und jederzeit mit der Möglichkeit rechnet, dass er euch persönlich meint und zu überzeugen versucht. Diesen Zustand der Wahrnehmungsbereitschaft wollen die Geistchen unterstützen, ähnlich wie die Feen, doch ihre Wirkungsweise ist die der kurzen, heftigen Anstöße.

Ihr macht ihnen, die sehr freundlich sind, eine große Freude, wenn ihr wisst, dass es sie gibt, dass ihr sie in jeder Böe wahrnehmen könnt und dass sie euch an das Wehen des Heiligen Geistes erinnern wollen. Dazu gehört, dass ihr euch erinnern lasst und euch seiner Gegenwart immer öfter bewusst werdet. Sie sind immer da, wenn es zieht und eine Kerze flackert, wenn ihr um eine Hausecke oder einen Felsvorsprung

[30] Joh. 3,8: »Der Wind weht, wo er will. Du hörst sein Sausen; aber du weißt nicht, woher er kommt noch wohin er geht«. Vgl. auch das Pfingstereignis Apg 2,1–4: Der Heilige Geist kam herab »wie ein daherfahrender Wind«.

biegt und ihr plötzlich angeweht werdet, wenn der Wind die Blätter aufwirbelt und so fort. So etwas geschieht viel öfter, als euch normalerweise bewusst wird. Ihr solltet euch angewöhnen, ihnen jedes Mal ein Wort des Grußes, des Dankes und des Verstehens zuzurufen oder zuzudenken. Sie hüten auch den Wind im übertragenen Sinn, nämlich den Hauch, den ihr spürt, wenn ein Engel oder ein Heiliger oder die Seele eines Verstorbenen zugegen ist.

Wie sehen sie aus?

Stellt euch die Geistchen in menschenähnlicher Gestalt vor, aber nicht wesentlich größer als euer Zeigefinger, sehr schlank, sehr zart, fast durchsichtig mit ovalrundlichen Flügeln, die ähnlich wie bei einer Libelle in der Luft vibrieren. Ihr Gesichtsausdruck ändert sich sehr schnell: Mal erscheint er wie der eines zarten Jünglings, kurz darauf wie der eines weisen Alten mit weißem Bart, und doch ist es immer dasselbe Gesicht. Auch ihr Ort ändert sich sehr schnell: Kaum habt ihr sie hier erblickt, sind sie schon dort. Mal seht ihr einen Einzelnen, mal mehrere. Sie leben nicht in Familiengemeinschaften, sondern sind Einzelwesen, diese sind aber alle miteinander befreundet und streben nach demselben Ziel.

Kann man mit ihnen in unmittelbaren Kontakt treten?

Ja, sie sind sehr menschenfreundlich. Ihr könnt sie euch zu Freunden machen, und dann sind sie sogar bereit, zu euch ins Haus zu kommen. Sie nutzen dann jeden Durchzug, um darin zu tanzen, aber sie bleiben auch, wenn die Luft sich nicht bewegt. Voraussetzung ist allerdings, dass im Haus der Kontakt zur geistigen Welt gepflegt und spirituell gearbeitet wird. Sie lieben Stätten, wo man betet, meditiert, kontempliert, wo man versucht, mit dem Himmel in Verbindung zu stehen und sich an ihm zu orientieren. Vor allem wo dieses Bemühen schon Tradition hat, fühlen sie sich zu Hause. Ihr erlebt ihre Anwesenheit dann so, dass euch die geistige Arbeit viel leichter fällt, dass ihr besser zur Ruhe kommt, euch leichter konzentrieren könnt, nicht so leicht abschweift. Ihr habt das Gefühl: es trägt. Sie sind's, die es tragen.

Sie ernähren sich von jedem Staunen, jedem »Aha!«, von jedem Lebendigerwerden im Versuch geistiger Arbeit, von jedem Bemühen, auch wenn es erfolglos bleibt, wenn es nur ein ehrliches Bemühen ist. Ihr bringt sie also in eure Nähe, wenn ihr euch Räume schafft, wo ihr regelmäßig solche Arbeit tut. Ihr braucht nicht lange Zeit darauf verwenden, nur regelmäßig sollte es geschehen. Dann bleiben sie, bis man sie vertreibt.

Wodurch vertreibt man sie?

Indem man die spirituelle Welt ablehnt, bekämpft, nicht wahrhaben will. Dann sagen sie sich: Hier mag man uns nicht, hier gehen wir lieber.

Wie lautet ihr Motto?

»Alles ist da, alles ist nah.« Gemeint ist: Gott, die Mutter, der Sohn, der Heilige Geist, die Engel, die Heiligen. Es gibt sie alle, und sie sind nicht irgendwo weit weg im Himmel, sondern der Himmel ist um euch herum – direkt vor eurer Nasenspitze. Es ist nur eine Frage der inneren Einstellung, sich das bewusst zu machen. Um z.B. zu beten, bedarf es keiner langwierigen Vorbereitung, ihr könnt sofort damit beginnen und sicher sein, dass ihr gehört werdet. Und um euch inspirieren und führen zu lassen, bedarf es nur des Stillewerdens und Sich-Öffnens.

In Zeiten, wo ihr traurig, gelähmt, bedrückt, belastet und ohne Hoffnung seid, habt ihr das Gefühl: Es gibt vielleicht den Himmel gar nicht, und wenn, ist er weit weg, er nimmt mich nicht wahr oder kümmert sich jedenfalls nicht um mich, für meine Probleme gibt es keine Lösung. Dann begebt euch an Orte, wo es Windböen gibt: auf Hügel, an Ufer, in Schluchten oder dergleichen, oder macht einfach Durchzug, lasst euch durchlüften und von den Geistchen sagen: »Alles ist da, alles ist nah.« Hilfreich ist auch, sich an Orte zu begeben, wo spirituelle Arbeit von anderen getan wird, wo Mönche, Nonnen, Einsiedler, Priester und andere tiefgläubige Menschen wirken oder gewirkt haben. Auch da werdet ihr spüren: Die Hilfe des Himmels ist da und ist nah. Das ist es, woran euch die Geistchen immer wieder erinnern wollen. Sie hauchen euch zu: Es gibt mehr auf der Welt, als eure Schulweisheit sich träumen lässt, es ist alles wirklich da und unmittelbar um euch herum.

Wer anderen Menschen helfen will, z. B. als Therapeut, als Pädagoge, als Berater, als Friedensstifter, der sollte dafür sorgen, dass er seinen Raum mit einem ganzen Hofstaat von Geistchen bevölkert, die er sich durch spirituelle Arbeit zu Freunden gemacht hat. Sie sind zwar klein, aber sie sind ziemlich mächtig. Sie werden eure Arbeit leichter machen und euch zu überraschenden Erfolgen verhelfen.

Die »Kleinen Brüder Jesu« (Hüter des Tages)

Zu den wichtigsten und doch kaum bekannten Naturgeistern gehören die »Kleinen Brüder Jesu«. Sie verstehen sich als die Kleinen Brüder, aber sie sind wesentlich größer als ein Mensch, fast baumgroß, deshalb nennt man sie manchmal auch die »großen kleinen Brüder«.

Man kann sie auch die »weißen Brüder« oder die »weisen Brüder« nennen. Ein anderer Name ist »Hüter des Tages«; sie wirken sozusagen komplementär zu den »Müttern der Nacht« (s. o. S. 103 ff.).

Wie sehen sie aus?

Sie sind wunderschön von Gesicht und Gestalt, so wie ihr euch vielleicht Peter Pan vorstellt: mit hoher Stirn, klarem durchdringendem Blick und einem intelligenten, kunstsinnigen Ausdruck von freundlicher Ernsthaftigkeit, gekleidet in ein mönchhaft schlichtes weißes Gewand. Man könnte sie fast mit Engeln verwechseln, sie sind aber Luftgeister.

Wo finden wir sie?

Sie stehen je einzeln an exponierten Orten, von denen aus sich möglichst weite Landschaften oder Stadtgebiete überblicken lassen: auf Anhöhen, Bergrücken, Felsvorsprüngen. Sie haben sich so über die Erdoberfläche verteilt, dass es keinen Ort gibt, den nicht einer von ihnen im Blick hat. Sie halten die Hände in Kopfhöhe erhoben, wie ihr das aus alten Gebets-,

Segens- oder Grußhaltungen kennt. So stehen die Kleinen Brüder jahrtausendelang Tag für Tag von Sonnenaufgang bis Sonnenuntergang. Nachts kauern sie sich nieder und schlafen, dann übernehmen die Mütter der Nacht, die Himmlischen Irdischen, das Regiment.

Was tun sie den Tag über?

Sie nehmen alles auf, was in ihrem Gebiet geschieht, auch wenn es sich hinter Mauern vollzieht, und spiegeln es zurück, und zwar bis in die kleinsten Kleinigkeiten. Jemand sagt z. B. ein freundliches Wort, streichelt ein Tier, gibt ihm zu trinken, wäscht und räumt auf, bezieht das Bett frisch, backt einen Kuchen. Das Pflänzchen wächst, die Blume erblüht, der Vogel singt noch schöner als gestern usw. Was es alles zu kritisieren gibt, das erfahrt ihr aus den Nachrichten oder von den Nachbarn. Was ihr von den Kleinen Brüdern erfahren könnt, ist all das Lichte, das ihr meistens überseht oder als selbstverständlich voraussetzt.

Sie nehmen auch das Nicht-Lichte wahr. Ihr könnt ihnen nichts vormachen, sie haben einen zu klaren Blick auf das Ganze, aber sie sind sehr wohlmeinend und geduldig und finden noch das Goldkörnchen im Schlamm. Sie konzentrieren den inneren Blick lächelnd auf das Heile, Schöne, Gute, Wohlige, Tröstende, Hoffnung Bringende, Segensreiche, Stärkende, Fördernde. Nur das ist ihnen wichtig, fällt ins Gewicht. Das ist, was sie hüten und heilig halten.

Das spiegeln sie zum Himmel zur Freude des Sohnes, aber auch zu den Menschen zurück, damit es von ihnen wahrgenommen werden kann. Wenn Menschen bewussten Zugriff darauf nehmen könnten, könnten alle von allen alles wissen. So sichern sie, dass alles Geschehen in einer Gesamterinnerung bewahrt bleibt: Wer was wie tut, was sich nähert oder entfernt, was Freude oder Schmerz bereitet, was aufgebaut wird oder zusammenbricht, kurz die faktischen Realitäten des jeweiligen Tages.

Das Dunkle allerdings versuchen sie so weit wie möglich zu meiden, das verzehren sie sozusagen.

Es geht ihnen nicht um Moral, um Normen, um Theorie, sondern um das, was ganz faktisch und real geschieht. Und deswegen hüten und bewahren sie auch die faktische Realität des irdischen Daseins des Sohnes, der als inkarnierter Mensch aus Fleisch und Blut gewirkt hat. Er ist mit seinen Füßen Wege gegangen, hat mit seinen Händen Fakten geschaffen, jeden Tag ein praktisch gelebtes handfestes Tagewerk vollbracht und ganz reale Spuren hinterlassen. Die Kleinen Brüder hüten diesen Aspekt der Trinität.

Damit hüten sie indirekt auch eure inkarnierte Realität. Denn auch ihr seid ja erfüllt von der Trinität und dennoch körperliche Wesen. Es geht ihnen darum, dass das körperliche Leben im Sinne der Trinität in einem heilenden, heiligenden, durchlichteten Sinn geschehen möge. Auch damit sind sie den Engeln nah.

In welcher Musik finden wir ihre Stimmungslage am besten widergespiegelt?

In den Orchesterwerken (nicht Vokalwerken) von Johann Sebastian Bach.

Lässt sich ihr Wirken in einem Motto ausdrücken?

Ihr habt ein Sprichwort: »Es gibt nichts Gutes, außer man tut es.« Das ist ihr Motto. Es bedeutet: »Tue es, tue das Lichte, mach, dass es wirklich geschieht. Es genügt nicht, dass du es dir wünschst und erträumst und dir für den Fall vornimmst, dass diese und jene Bedingungen erfüllt sein werden. Fang du an, gleich heute, genau jetzt.« Das ist ihre innere Haltung, und die geben sie nie auf. Und damit beantworten sie zugleich die Sinnfrage.

Wie beantworten sie die Sinnfrage?

Die Frage nach dem Sinn des Lebens ist ein komplexes Thema, damit habt ihr euch ja befasst.[31]

Die Kleinen Brüder aber geben euch eine ganz simple Antwort, nämlich: Der Sinn eures Lebens ist, Gutes zu tun. Das genügt. Wenn das geschieht, gleich in welchem Maße, ist der Sinn des Lebens schon erfüllt. Das ist das Wesentliche.

Können wir mit den Kleinen Brüdern in Kontakt treten?

Die erste Voraussetzung ist das Wissen, dass jeden Tag in eurer Umgebung sehr viel Gutes geschieht, und dass das für sie das Wichtigste ist. Macht euch zur Gewohnheit, nicht wissen zu wollen, was andere alles falsch machen, sondern was Gutes geschieht. Ihr könnt das trainieren, indem ihr täglich Haus für Haus in eurer Nachbarschaft durchgeht und versucht, euch all die kleinen Freundlichkeiten, die da geschehen, vorzustellen.

Das Zweite ist: Macht euch auf die Suche nach Orten mit einem schönen Fernblick, von wo aus möglichst Sonnenaufgang und Sonnenuntergang zu sehen sind und wo ihr die Heiligkeit des Ortes erspüren könnt.

Das Dritte ist: Begebt euch schon in der Morgendämmerung an diesen Ort, beobachtet den Sonnenaufgang und versucht mitzuerleben, wie sich der große Kleine Bruder aus seiner hockenden Schlafposition erhebt. Dann stellt euch aufrecht, entspannt, aber stabil, hebt die Hände wie er und versucht, in dieser Position eine halbe bis ganze Stunde lang zu stehen und seine Arbeit mitzumachen. Schaut, was überall passiert, aber vor allem richtet den inneren Blick lächelnd auf alles Lichte, Heile, Wohlgemeinte. Spiegelt es zum Himmel und zu den Menschen zurück, sodass es Fuß fassen kann und die Wahrnehmung davon verstärkt wird.

31 siehe Alexa Kriele: *Die Engel geben Antwort auf Fragen nach dem Sinn des Lebens.*

Dann könnt ihr mit diesem Bruder sprechen. Bittet ihn, auch euer Tagewerk aufzunehmen und das Lichte daran weiterzutragen. Und vergesst nicht, dem großen Kleinen Bruder von ganzem Herzen für sein Tun zu danken.

IV. Feuerwesen

Salamander (Flammengeister)

Zu den ehrwürdigsten unter den Feuergeistern gehören die Salamander. Ihr werdet ja jetzt nicht an die schwarzgelben Schwanzlurche denken, die ihr Feuersalamander nennt und die vor allem in feuchten Wäldern leben. »Salamander« heißen auch die Naturgeister, die in den Flammen wohnen. Selbst wenn ihr nur ein Streichholz entzündet, lebt in der Flamme ein Salamander. Er kommt von der Mutter und kehrt zu ihr zurück. Er ist dann sehr klein und sehr kurzlebig. Und doch bringt er mit großer Intensität etwas vom Himmel auf die Erde; es bedarf nur eurer Aufmerksamkeit, um es wahrzunehmen.

Ihr nähert euch seinem Wesen am leichtesten, wenn ihr euch von dem sanften Schimmer des Kerzenlichts berühren lasst. In der Weihnachtszeit kann euch seine Aussage im Innersten bewegen. Den gleichen Effekt können elektrische Glühbirnen nicht erzielen. Einen Hauch der Salamanderkraft spürt ihr auch in der behaglichen Wärme des Kaminfeuers, des Herdfeuers oder des Lagerfeuers. Ihr spürt es in dem ewigen Licht in den Kirchen, und diese Wahrnehmung verstärkt sich, wenn der Priester in der Osternacht das heilige Feuer entzündet, es in die dunkle Kirche trägt und euch mit dem Ruf »lumen Christi!« weiterreicht, bis der ganze Kirchenraum im Kerzenlicht erstrahlt und ihr das »Gloria« anstimmt.

Die Kraft der Salamander tritt sehr sanft in Erscheinung, kann aber auch groß und schrecklich sein: in den zum Himmel lodernden Flammen eines vernichtenden Großbrands mit seinen Millionen Salamandern oder gar in der Sonne. Nur der Anblick der aufgehenden oder untergehenden Sonne ist euch erträglich; warum aber löst er so viel in euch aus, warum ergreift er euch so tief? Weil ihr da nicht nur in eine leuchtende Gaskugel hineinschaut, sondern in einen Ort, wo Ehrfurcht gebietende Wesen leben und wirken. Salamander leben in allen Sonnen des Universums; also auch im Anblick des Sternenhimmels tretet ihr mit ihnen in Kommunikation und seid zutiefst berührt. Das Feuer ist die Form, die Salamander sind sein geistiger Inhalt.

Wie sieht ein Salamander aus?

Schaut in eine Flamme, dann schließt die Augen. Lasst das Bild der Flamme so groß werden, dass es euer ganzes Blickfeld ausfüllt. Vielleicht vermag der eine oder andere zu sehen: Da gibt es tatsächlich so etwas wie ein menschenähnliches Gesicht, aber mit schräg versetzten Augen wie bei Picasso oder Dalí, in ständiger Veränderung und in wechselnden Farbschattierungen. Da lebt ein Wesen, es drückt etwas aus. Wer darin geschult ist, kann sogar seine tiefe Stimme hören, die euch sagt: »Erinnere dich.«

Was will uns das Wesen damit sagen?

Kannst du dich erinnern, wie du das liebende Herz des Vaters einst erlebt hast? Weißt du noch, dass es brennt für dich und die ganze Schöpfung? Vergiss nicht, was du einmal beschlossen hast und im Grunde immer noch willst, z.B. Klarheit, Reinheit, Zentrierung, Entschlossenheit, Kraft, Befreiung, Ruhe, Loslassen-können, Tatkraft, Wärme, Friedlichkeit, Neuorientierung. Wenn ihr es zulasst, beleuchtet das Wesen euren inneren Zustand, weil die Kraft des Lichts eben alles erleuchtet, da bleibt nichts verborgen.

Welchen Schatz hüten die Salamander?

Sie sind die Hüter der Flamme und damit die Hüter des Lichts auch im spirituellen Sinn. Sie hüten die lichte Kraft schlechthin: die lichten Gedanken, die lichten Kräfte, das Licht des Anfangs, die Erinnerung an das brennende Herz des Vaters und das mit-brennende Herz der Mutter. Diese Erinnerung holt ihr zurück, wenn ihr eine Kerze anzündet. Das Motto der Salamander ist das in Großbuchstaben geschriebene Wort »LIEBE«.

Was sie am liebsten hüten, sind die gezähmten Flammen einer Kerze, eines Öllämpchens, eines Kamins oder Herdes, vor allem aber das ständig lebendig gehaltene heilige Feuer: das »ewige Licht«.

Wie aber bei Flammen, die zerstören?

Da unterscheidet zunächst, ob sie natürlichen oder menschlichen Ursprungs sind. Waldbrände, die durch Naturgewalten wie Blitz oder Vulkanausbruch ausgelöst werden, gehören zu den natürlichen Vorgängen im Evolutionsprozess der Erde, die ein Ende bringen, um Raum zu schaffen für neues Wachstum, die auffrischen, umwandeln, freisetzen. Sie haben nicht den Charakter der Entwürdigung, der Bestrafung oder der moralischen Demütigung, sondern werden hingenommen als der natürliche Lauf der Dinge, an den man gewöhnt ist und den man als etwas Unvermeidliches zur Kenntnis nimmt. Das erscheint euch vielleicht unbarmherzig, aber ihr solltet auch sehen: wo Licht ist, ist Klarheit und Entschlossenheit, und dazu gehört immer auch die Inkaufnahme des Abschiedsschmerzes.

Und wenn die Flammen menschlichen Ursprungs sind?

Dann gilt es noch einmal zu unterscheiden: Es gibt Brände, die der Mensch um eines sinnvollen Zweckes willen legt und unter Kontrolle behält. Damit haben die Naturgeister kein Problem, sie stellen sich gern zur Verfügung. Das gilt selbst für Brandrodungen, die Acker- oder Weideland ermöglichen, sofern sie sich in begrenztem Rahmen halten.

Etwas anderes sind Brandstiftungen in verbrecherischer oder kriegerischer Absicht oder aus Fahrlässigkeit. Die sind nicht im Sinne der Naturgeister, so wenig wie im Sinne der Engel. Da handelt es sich um einen Missbrauch des Feuers, den die dunklen Mächte für ihre Zwecke nutzen. Dem sind die Salamander wehrlos ausgeliefert. Sie sind gezwungen, den natürlichen Gesetzen, die zur zerstörerischen Ausbreitung des Feuers führen, auch gegen ihren Willen zu folgen.

Sie sind aber auch dann in den Flammen präsent, und das bedeutet: Sie versuchen im Betrachter Initiativen zu wecken, die aus der Zerstörung etwas Sinnvolles hervorgehen lassen: einen Neuanfang, den Wiederaufbau, einen Schritt nach vorn. Im günstigsten Fall können sie dazu beitragen, dass unter den Menschen neue Standpunkte und Denkweisen Einzug halten, dass sie aus der Erfahrung Lehren ziehen, dass sie friedlicher miteinander und vorsichtiger mit dem Feuer umgehen. Es ist ja stets das Bemühen der Engel, dem Dunkelsinnigen nachträglich einen lichten Sinn hinzuzufügen, und die Salamander versuchen, sie darin zu unterstützen und die Flammen zu einem unvergesslichen Signal zu machen.

Die Salamander können aber manchmal noch etwas tun: Sie können dafür sorgen, dass das zerstörerische Feuer einen bestimmten Ort verschont, ihn umgeht, ihn ausspart, einen Ort, vor dem sie den allerhöchsten Respekt haben, der ihnen in besonderem Maße heilig ist. Ihr habt sicher schon davon gehört?

Ja, das vielleicht eindruckvollste Beispiel ist der Kölner Dom, der aus einer total verwüsteten Altstadt hervorragte und verhältnismäßig wenige Schäden erlitten hat.

Es liegt normalerweise nicht in der Macht der Naturgeister, die Flammen zu lenken und aufzuhalten. Aber in besonderen Ausnahmefällen gelingt es ihnen doch, das ist dann ein Wunder, so wie der brennende Dornbusch oder die Flammen auf den Häuptern der Jünger beim Pfingstgeschehen. Es zeigt sich dann bis in den Bereich der Materie hinein, was im Spirituellen gilt: Das Licht reduziert euch auf das Wesentliche. Geist und Seele und alle Erfahrungen und Erinnerungen verbrennen nicht. Die Vorstellung von brennenden Seelen im Höllenfeuer ist absurd, wie ihr ja wisst.

Wie können wir die Freundschaft und den besonderen Schutz der Salamander erlangen?

Das Erste ist, dass ihr Klarheit über euch selbst gewinnt und eure Schwächen nicht zum Anlass nehmt, zu jammern, sondern an ihnen zu wachsen. Die Salamander sind streng und abweisend bei Verworrenheit, Unentschiedenheit, Unklarheiten. Sie verzeihen jede Schwäche, wenn ihr aus ihnen eine Stärke macht oder sie zumindest bewusst hinnehmt und mit Bravour integriert und domestiziert.

Das Zweite ist, dass ihr euren Umgang mit dem Licht bewusster gestaltet. Ihr solltet Kerzen und Feuerstellen als Heimstatt für lichte Wesen erleben, die einen Auftrag haben, die etwas wollen und etwas bewirken. Schaut in die Flamme, dann schließt die Augen und versucht ein Gefühl dafür zu bekommen, dass da Boten aus dem Herzen der Mutter, des Vaters und des Sohnes eine Nachricht bringen und euch bestärken in Klarheit, Entschlossenheit, Willenskraft, Leidenschaft, Liebesfähigkeit. Es geht ihnen um den bejahenden Blick in Gegenwart und Zukunft, um die Fähigkeit, das Nicht-Wesentliche loszulassen, weil das Wesentliche nie verloren gehen kann.

Ich empfehle euch dazu eine Übung.

Übung

Stellt euch einmal bei geschlossenen Augen vor: Euer Haus brennt lichterloh, die anderen Menschen und Tiere sind gerettet. Ihr bleibt allein ganz ruhig in dem Haus sitzen, während euer Hab und Gut samt allen Erinnerungsstücken in Flammen aufgeht. Sagt euch: »Das alles habe ich im Herzen, nichts Wesentliches geht verloren.« Dann stellt euch vor, die Flammen würden einen Menschen mit dieser Haltung verschonen. Wenn alles in Schutt und Asche liegt, säßet ihr immer noch in aller Ruhe unbeschädigt in der Mitte.

Das Dritte ist: Hütet ein heiliges Feuer, das ihr nicht ausgehen lasst; sorgt also dafür, dass die Flamme immer wieder an neue Kerzen weitergereicht oder das Öl nachgefüllt wird. Es wäre sinnvoll, wenn das Licht aus eurer Kirche stammt und dorthin vielleicht aus Bethlehem herbeigebracht worden war. Tretet mit dieser Flamme in Verbindung, begrüßt sie morgens, verabschiedet sie abends, dankt ihr, dass sie weiterbrennt, während ihr schlaft. Wenn es Gelegenheit dazu gibt, bezieht sie in heilige Rituale ein und lasst andere Menschen ein Flämmchen von diesem Feuer nach Hause tragen. Dann können die Salamander viel bewirken: Klarheit, Erkenntnis, Erleuchtung, Entschiedenheit, Kraft zum Neuanfang und so fort.

Wenn Salamander sehr alt werden, gewinnen sie an Weisheit und Wirkung. Und wenn ihr für die Lichthaftigkeit auch anderer Menschen Sorge tragt – das ist Fürsorge im besten Sinn des Wortes –, dann nehmen sie das auf und machen mit. Nichts ist ihnen so lieb wie das Überspringen des Funkens – nicht nur von Kerze zu Kerze, sondern auch von Herz zu Herz.

Was sie begeistert, ist eure Begeisterung im Sinne des Heiligen Geistes, das Feuer der leidenschaftlichen Liebe des Vaters, das ihr in euch entfacht und weitertragt. Ist diese Begeisterung ganz stark und groß, lösen sich die Salamander aus der Flamme und umgeben euch in feuriger Liebe. Man spricht dann vom Heiligenschein über dem Haupt, aber in Wirklichkeit umgibt er den ganzen Menschen.

Übung

Betrachtet einmal euren bisherigen Lebensweg als Liebesweg. Entzündet eine Kerze und geht dann die Phasen eures Lebens unter dem Aspekt durch, wen und was ihr jeweils geliebt habt und wie: die Menschen, eure Tätigkeiten und Ziele, bestimmte Orte. Verseht das Wort »LIEBE« mit den passenden Satzzeichen, z.B. die zweifelnde Liebe mit Fragezeichen, die zynisch gewordene Liebe mit Anführungszeichen, die Liebe unter Vorbehalt mit Klammern, die eingeschlafene Liebe mit Gedankenstrich, die zögernde Liebe mit drei Pünktchen, die bewusst bejahte Liebe mit Ausrufezeichen und so fort. Diese Übung wird euch viel Klarheit verschaffen – über euch selbst und darüber, wie ihr euch in eurer Umwelt gespiegelt habt. Dann werdet ihr mit einem großen dreifachen Ausrufezeichen enden können!

Ehe ihr die Kerze ausblast, dankt der Flamme und bittet den Salamander, die Mutter zu grüßen! Er wird ihr von euch berichten.

[illegible]

[illegible]

[illegible]

[illegible] was [illegible]

Atmanen (Glutgeister)

Wenn die Flammen verlöschen, gehen die Salamander, aber in die Glut sind die Atmanen eingezogen und hüten sie, bis sie verglimmt. Stellt sie euch vor als in einem Kreis hockende Greise und Greisinnen mit schlohweißem Haar, ledriger Haut, korpulent, breitschultrig, mit starken Armen und großen Händen. Die Atmanen sind die ältesten unter den Naturgeistern, viele Millionen Jahre, und sie traten schon als Alte in Erscheinung, als sie aus den Händen der Mutter erstmals auf die Erde kamen. Ihr Gesichtsausdruck ist liebenswürdig, aber zurückhaltend. Sie sitzen ein wenig nach vorn gebeugt, blicken in die Mitte ihres Kreises und murmeln etwas.

So wie die Salamander die Erinnerung an das flammende Herz des Vaters hüten, so hüten sie das Herz der Mutter, das eine Liebe pflegt, die in ruhigem Gleichmaß und geduldiger Hinwendung Wärme und Güte verbreitet. Damit hüten sie zugleich all das, was über Dauer hinweg Wärme spendet, was also ohne die sprühenden Flammen der großen Passion still vor sich hinglüht: jene zentrierte Form der Liebe, die ihr in Freundschaft, Kameradschaft, Treue, Hingabe, Fürsorge findet.

In der Mitte ihres Kreises liegt eine Art Chronik, in der aufgezeichnet ist, was früher an diesem Ort geschehen ist und was künftig geschehen könnte. Ist z.B. ein Haus niedergebrannt, so rufen die Atmanen alles in liebende Erinnerung, was einst den Erbauern und Bewohnern widerfahren ist und was Neues künftig an diesem Ort entstehen kann. Sie richten den Blick auf alles Lichte, Gute und Schöne, das war und das jetzt möglich geworden ist. Das hegen und pflegen und hüten sie, indem ihm einer nach dem anderen etwas Nettes zuspricht: etwas Bestärkendes, Bestätigendes, Tröstendes, Aufmunterndes, Anteilnehmendes. Das ist ein Werk der Zeitenpflege, des Kultivierens, des Schönliebens, des Wärmens.

Was ist das Motto der Atmanen, ihr Selbstverständnis, das Wesentliche, was sie zu sagen haben?

»Zeit ist ein Garten.« Das bedeutet: Mit der Zeit sollte man so umgehen wie ein Gärtner mit seinem Garten: Dessen Freude besteht ja darin, dass seine Pflanzen wachsen, blühen und gedeihen, deshalb hegt und pflegt er sie. So hegen und pflegen die Atmanen die Zeit. Was damit gemeint ist, wird am klarsten in einer

Übung

Wenn ihr nicht selbst einen Garten habt, sucht euch ein Stück freie Natur am Waldrand und stellt euch vor, dieses Gebiet sei euer Zuhause, da sei euer ganzes Leben dargestellt. Ihr sagt euch z.B.: Dieser heimelige, knorzelige Busch entspricht ungefähr dem Gefühl, das ich mit den ersten Lebensjahren verbinde, das Wiesenstück dort den Schuljahren, das Blumenfeld den Zeiten der ersten Liebe, der junge Baum den Jahren des beruflichen Aufbaus, der abgesägte Baum mit seinen Moosen und Pilzen den schwierigen Jahren und so fort. In jedem Stück Natur lässt sich alles wiederfinden, ihr braucht nur richtig hinzuschauen und zu entscheiden, in welchem Fleckchen ihr welche Geschehnisse und Kreuzungspunkte eures Lebens wieder erkennt.
Jetzt stellt euch euch in euren verschiedenen Altersstufen vor – in denen, die ihr durchlebt habt und denen, die hoffentlich noch vor euch liegen –, vom Kind bis zum Greis.

Alle diese Gestalten bilden jetzt einen Kreis um dieses Lebensbild herum und sprechen ihm etwas Liebes zu. Jeder Vertreter einer Altersstufe verbindet seine schönsten Erinnerungen z. B. mit den Zweigen, Astgabelungen und verschiedenfarbigen Blättern des Knorzelbusches, mit den Blumen auf der Wiese, mit den Moosen und Pilzen, die auf dem abgehackten Baum wachsen: selbst das Verletzte wird Heimat für neues Leben. Sie alle wärmen die verschiedenen Lebensstufen mit liebevoller Zuwendung, hegen und pflegen alles Gute und Lichte, um es zu bekräftigen und auf Dauer zu erhalten.

Wenn ihr diese Übung eine Zeit lang immer wieder macht, bekommt ihr ein Gefühl für das, was die Atmanen tun. Ihr kultiviert euer individuelles Leben, die Atmanen kultivieren die Zeitabläufe generell, indem sie überall die Liebe der himmlischen Mutter, ihr geduldiges und beständiges Wirken sichtbar machen und zum Bewusstsein bringen. Ihr erlangt mit der Zeit dieselbe innere Haltung zur Welt, wie sie die Atmanen pflegen.

Dann könnt ihr noch einen Schritt weitergehen und die Atmanen mit den Salamandern in ein Wechselspiel bringen. Ihr hütet daheim ein heiliges Feuer, lasst es bis zur Glut hinunterbrennen, entzündet es an der Glut wieder neu und so immer fort. Dann könnt ihr damit rechnen, dass immer dieselben Salamander und Atmanen wieder da sind – ihr habt sie in der Nähe, und es entsteht eine große freundschaftliche Vertrautheit.

Das ist eine hilfreiche Tätigkeit vor allem für die so genannten »Senioren«: Sie werden alt an Jahren, bleiben aber jung im Herzen. Alt zu werden bedeutet dann nicht, hart und eng zu werden: voller Vorurteile, Bösartigkeit, Bitterkeit und Ängstlichkeit. Und jung zu bleiben, bedeutet nicht, faltenfrei zu sein, sich jugendlich zu geben in Kleidung und Hobbys, sondern sich hegend und pflegend dem eigenen Dasein und dann auch der Welt im Ganzen zuzuwenden. Der großväterliche und großmütterliche Mensch ist in besonderem Maße dazu befähigt, etwas von der Liebe der himmlischen Mutter auf die Erde zu bringen. Doch auch junge Leute machen keinen Fehler, wenn sie schon früh diese Lebensorientierung in sich aufnehmen.

Wenn man den Blick so auf das Gute und Schöne richtet, entfernt man sich da nicht von der Realität, die viel unfreundlicher ist?

Es gibt bei älteren Menschen häufig die Neigung, ihre Lebensvergangenheit im Rückblick zu vergolden. Das solltet ihr nicht missbilligen, es ist ganz im Sinne der Atmanen. Es schafft einen Ausgleich zu der natürlichen Tendenz, dem Gedächtnis die beschämenden Erlebnisse besonders heftig einzuprägen – Momente z. B. des Scheiterns, des Versagens, der Blamage, des Schuldigwerdens. Ältere Menschen, denen dieser Ausgleich fehlt, neigen zu Bitterkeit, Pessimismus, Zynismus und halten das für einen aus der Lebenserfahrung gewonnenen Realismus. Diejenigen, die das Schlechte verdrängen und sich vor allem an das Schöne erinnern, sind zwar nicht ganz »objektiv«. Aber es geht ja nicht darum, eine korrekte Biografie zu schreiben, sondern sein Leben als ein abgerundetes Kunstwerk zu gestalten. Wenn ihr es golden gestaltet, blühen schöne Blumen in eurem Zeitgarten, die ihr hegen und pflegen könnt. Das macht euch liebenswürdig und ist die Vorbedingung für eine lichte Gegenwart und Zukunft.

Euer Versagen wird nach dem Sterben im Gespräch mit Christus zur Sprache kommen, wenn ihr gelernt haben werdet, dass euch verziehen ist und ihr euch selbst verzeihen könnt.[32] Auch schon im Leben ist es aus Sicht der Atmanen besser, die Vergangenheit golden zu gestalten statt dunkel, auch wenn sie dann goldener erscheint als sie – objektiv ge-

[32] siehe Alexa Kriele: *Mit den Engeln über die Schwelle zum Jenseits*, S. 108 ff.

sehen – tatsächlich war. Lasst die Menschen um Himmels willen – und auch um der Erde willen – ihre Vergangenheit schönlieben und das Schöne kultivieren!

Habt ihr noch Fragen?

Ja. Glut ist auch im Inneren der Erde, und wenn sie nach außen bricht, kommt es zu tödlichen Bedrohungen. Was empfinden die Atmanen da?

Sie sind an die physikalischen Gegebenheiten gebunden und können sie nicht ausschließen. Sie können nur darauf hinwirken, dass es so wenig wie möglich zu Katastrophen kommt, und da tun sie, was sie können. Ohne ihren Einfluss gäbe es wesentlich mehr zerstörerische Eruptionen, und die Erde sähe viel wilder aus.

Sind die Atmanen auch in der Glut der Zigarette?

Nein, dort können sie schon deshalb nicht sein, weil ihr die Zigarette waagrecht haltet. Sie sind aber auf die Vertikale ausgerichtet. Etwas anderes ist es mit der Glut der Pfeife: Da könnt ihr sie manchmal finden.

In welcher Musik kommt die Grundstimmung der Atmanen zum Ausdruck?

Am ehesten in der gregorianischen, die geprägt ist von gemeinschaftlichem Gesang in ruhigem, fast murmelndem Gleichmaß – ohne Spannungsbögen, die auf einen Höhepunkt hinzielen. Mancher Mönchsgesang, auch in der russischen Liturgie, spiegelt die Innenwelt der Atmanen.

[illegible]

Nachbar [illegible] Pflanzen werden [illegible] Natur [illegible] wohl [illegible] Wasser [illegible] Selbst [illegible] Glanz [illegible] der Felsen, [illegible] Augen [illegible]

[illegible]

[illegible]

[illegible] der Realität. [illegible] sollte im [illegible]

Steinmeister

Nicht nur Tiere und Pflanzen werden von Naturgeistern bewohnt, nicht nur Wasser, Luft und Feuer, sondern sogar das Härteste und Dichteste, das euch ganz licht- und leblos vorkommen mag: Steine. Selbst in ihnen glüht das Herzblut der himmlischen Mutter, auch wenn da äußerlich die Glut längst erloschen ist. Diese Glut wird von einer Sonderform der Atmanen gehütet, den so genannten Steinmeistern. Sie bewohnen das Innere der Felsen, der Edelsteine, selbst der Kieselsteinchen. Eure äußeren Augen sehen nur totes Gestein, aber da gibt es eine geistige Innenwelt. Sie stellt sich dem inneren Auge z. B. als Landschaft mit euch ganz unbekannten Pflanzen dar oder als Hochebene, als Höhle oder Mönchszelle. In jedem Stein lebt eine kleine Welt und in dieser ein Naturgeist von menschlicher Gestalt: der Steinmeister, manchmal eine Steinmeisterin.

Wird der Stein gesprengt oder sonst zersplittert, dann zieht er sich in ein Teilstück zurück. In den übrigen Stücken gibt es dann nur noch Teile der Landschaft, die man wie ein Puzzle zusammensetzen könnte. In den allermeisten Steinen also findet ihr Steinmeister, vor allem in den so genannten Edelsteinen, und seien sie noch so klein.

Eure Vorstellungskraft hat meistens Schwierigkeiten mit dem ganz Kleinen wie mit den ganz Großen, auch mit der großen Zahl. Dass z. B. nicht nur die großen Tiere, sondern auch die kleinen und kleinsten einen Naturgeist haben, und das in so riesiger Zahl, ist euch ein Problem, ist aber kein Problem in der Realität. Da solltet ihr flexibler werden.

Mir ist ein größeres Problem die Frage: Was tut denn der Steinmeister den lieben langen Tag in seiner kleinen Welt?

Er hütet das Mütterliche im Stein, nämlich die Beständigkeit, die lang andauernde Geduld, die nie erlöschende Glut der Liebe, also das Prinzip der himmlischen Mutter. Ihr habt ihr ja zu verdanken, dass der Vater die Schöpfung nicht zurückgenommen hat, sondern in der Erwartung bestehen ließ, sie werde schlussendlich zu ihm heimkommen.[33] Der Stein ist der Repräsentant des Beständigen in der Materie. Auch er unterliegt zwar Veränderungen, aber nur in Millionen und Milliarden Jahren.

Wird es dem Steinmeister da nicht langweilig?

Es gibt keine »lange Weile«, weil eure irdische Zeitvorstellung für ihn nicht gilt. Auch ihr habt ja Milliarden von Jahren gewartet, bis ihr euch auf Erden inkarnieren konntet, ohne dass es euch langweilig geworden wäre. Langeweile gibt es nur unter den Bedingungen des Zeitbegriffs eurer irdischen Lebensverhältnisse. Nein, der Steinmeister fühlt sich wohl und ist froh darüber, dass er das glühende Herz der Mutter vertreten darf. Er nimmt am Wirken der Mutter teil, nämlich daran, in aller Geduld und Beständigkeit die Schöpfung zu hüten.

Und wozu dient die ihn umgebende Innenwelt des Steins?

Nun, in jedem Teil der Schöpfung ist eine ganze Welt verborgen. Auch der Mensch trägt ja einen ganzen Kosmos in sich, wie ihr wisst. Aber auch in jeder Zelle eures Körpers lebt eine ganze Welt, in jedem Tier, in jeder Pflanze und eben auch im Stein. Es gibt keine »tote Materie«, sondern die ganze Welt ist durchpulst von der göttlichen Lebendigkeit und Liebe.

33 siehe Alexa Kriele: *Die Engel geben Antwort auf Fragen nach dem Sinn des Lebens,* S. 36ff.

Gehört denn zur Lebendigkeit nicht eine gewisse Dramatik von Geschehensabläufen?

Gewiss, aber eine solche liegt ja auch in der Gesamtentwicklung der Schöpfung, angefangen bei ihrer Verletzung durch den Fall der Engel. Sie bewegt sich nun trotz aller Widerstände und Rückschläge auf ein Endziel zu: die Rückkehr zum Vater. Den Steinmeistern geht es darum, der Ungeduld und der Neigung zum Aufgeben das Prinzip der Beständigkeit entgegenzusetzen, als Fels in der Brandung zu stehen, dafür Sorge zu tragen, dass die Schöpfung beharrlich auf ihrem Weg nach Hause bleibt. Das ist das Prinzip der Mutter, das die Steinmeister hüten – ist das nicht Dramatik genug?

Nimmt die Schöpfung ihren Weg nicht ganz unabhängig davon, ob man Geduld hat oder nicht?

Ja, so sind die Dinge eingerichtet, aber ihr solltet euch klar machen, was Ungeduld und Verzweiflung bewirken. Sie spielen den dunklen Hierarchien in die Hände und verleihen ihnen die Kraft zu stärkerem Einfluss auf den Lauf des Geschehens. Der Weg nach Hause wird dann nicht möglichst gradlinig beschritten, sondern auf furchtbaren Umwegen und Irrwegen. Die werden zwar letztendlich auch nach Hause führen, machen aber den Weg viel langwieriger, schwerer und leidvoller und kosten noch mehr Kraft und Tränen. Das führt dann immer wieder in die Verzweiflung darüber, dass die Schöpfung so verletzt und verwundet ist, und strapaziert die Geduld noch mehr.

Die Steinmeister wirken daran mit, die Schöpfung sozusagen nach Hause zu lieben, sie zu hegen und zu pflegen, sodass sie immer heiler wird. Sie legen keinen Wert auf Tempo, aber sie sind Mitstreiter dafür, dass es zügig vorangeht, vorwärts zurück, nach Hause zum Vater.

Kann man ihr Wirken mit einem Motto kennzeichnen?

Ja, es lautet: »Wer langsam geht, kommt schnell voran.« Das besagt: Wandert in ruhigem Gleichmaß, Schritt für Schritt immer darauf bedacht, was es zu hegen, zu pflegen und zu bewahren gilt. Die Ungeduld des Heißsporns, die euch Abkürzungen suchen lässt, führt nämlich auf Irrwege und mündet in Entkräftung, Überforderung und Verzweiflung. Langsame, gleichmäßige Beständigkeit ist die Voraussetzung für zügiges Tempo. Das hat doch mal was, oder? Jedenfalls für uns Naturgeister ist das komisch, aber – nicht wahr – es stimmt!

Das bedeutet: Wenn ihr das Gute und Lichte aus euren Bräuchen und Traditionen bewahrt, kommt ihr schneller voran, als wenn ihr allerlei Neues erfindet und durchprobiert. Zum Beispiel ist die Kirche in sehr langsamem Fortschreiten begriffen und hat noch lange nicht ihre endgültige Gestalt gefunden, aber sie bewahrt das Wesentliche. Das geht euch verloren, wenn ihr außerhalb ihrer Neues sucht, um schneller zum Ziel zu kommen. Ihr gewinnt vielleicht dieses oder jenes, in der Bilanz aber wirft es euch zurück. Ihr baut dann auf Sand statt auf Fels.

Die Mutter hat die Steinmeister gesandt, damit sie das Prinzip des Beständigen, Tragfähigen, Verlässlichen repräsentieren und bewusst werden lassen – und damit das »Ja« des Vaters zu seiner Schöpfung. Die Grundidee ist: »Wir meistern die überaus kritische Situation, die der Fall der Engel ausgelöst hat. Wir danken dem Vater, dass er davon Abstand genommen hat, die Schöpfung zornentbrannt zurückzunehmen. Wir tragen das unsere dazu bei, dass die Schöpfung den Weg vorwärts zurück zum Vater findet und schlagen damit den gefallenen Hierarchien ein Schnippchen.«

Die Steinmeister werden »Meister« genannt, weil sie die geduldige, bewahrende Beständigkeit meisterlich vorleben und an eurer Seite mitleben, und zwar über Millionen und Milliarden Jahre hinweg. Ihr erlebt sie zwar als ziemlich jung, frisch und lebendig, sie sind aber uralt. Diejenigen in herabgestürzten Meteoriten sind oft sogar älter als der Planet Erde. Die Steinmeister repräsentieren die Geduld und Beständigkeit, die die Mutter der ganzen Schöpfung gegenüber pflegt und die sie vor langwierigen Umwegen bewahrt.

Wie finden wir Zugang zu den Steinmeistern und sie zu uns?

Das Erste, was ihr bedenken solltet, ist, dass ihr mit Geschwindigkeit nichts erreicht. Angenommen, ihr wolltet in einem Geschäft einen schönen Stein erwerben, etwa einen Amethyst oder Rubin oder Rosenquarz. Dann kauft nicht den ersten besten, sondern schaut euch viele an, bis ihr bei einem das Gefühl habt, er blicke euch an und sagte: »Nimm mich!«

Nicht ihr sucht den Stein aus, sondern er euch. Lasst euch Zeit! Am besten ihr findet einen Stein in Rohform und begleitet ihn, wenn er geschliffen oder poliert wird. Meistert erstens alle Ungeduld, zweitens die Besitzgier, drittens aber auch die Unentschlossenheit, die aus eurem interessengelenkten Eigenwillen entsteht. Nehmt schließlich den mit nach Hause, der euch ausgewählt hat.

Sucht ihr Steine in der Landschaft, dann habt ihr auch einiges zu meistern: Erstens die Geschwindigkeit. Denn wer zu schnell geht, findet nichts. Zweitens die Hochnäsigkeit: Beugt euch hinab, geht in die Hocke, werdet so klein wie ihr als Kinder wart – Kinder tun sich mit Steinen viel leichter als Erwachsene – und entdeckt die Kraft des Unscheinbaren. Drittens die Versuchung, allzu viele Steine bedeutungsvoll zu finden und die ganze Wohnung damit zu füllen. Viertens den Eigensinn: Lasst auch hier zu, dass es der Stein ist, der euch aussucht und nicht umgekehrt.

So habt ihr das Meistern schon gelernt, ehe ihr den Stein zu Hause habt. Dieser Stein ist dann euer Fund. Er will etwas von euch, mit euch, für euch und durch euch. Er will *von euch* in einer bestimmten Art und Weise behandelt werden. Er will *für euch* mit seiner Schönheit da sein, euch etwas erkennen lassen, euch Informationen geben. Er will *mit euch* ein Team bilden und zusammenarbeiten. Und danach will er *durch euch* zu anderen Menschen getragen werden, ihr sollt ihm mit euren Beinen dienen.

Wie finden wir heraus, was der Steinmeister will?

Das braucht ein wenig Übung und Geduld. Zunächst solltet ihr ein Gefühl dafür entwickeln, wo beim Stein oben und unten, vorn und hinten ist, und ihn so legen, dass er euch gewissermaßen das Gesicht zuwendet. Das geht selbst dann, wenn er kugelförmig ist.

Dann schließt die Augen und stellt euch vor, ihr nähert euch ihm. Dabei wird etwas Eigenartiges passieren: Ihr werdet das Gefühl haben, ihr werdet immer kleiner und er immer größer, sodass ihr in ihn hineingehen könnt, als durchschrittet ihr ein offenes Tor. Ihr kommt vielleicht in eine Landschaft mit Bergen, Tälern und Seen und wandert so lange herum, bis ihr den Steinmeister trefft.

Dann könnt ihr ihn fragen: »Wie heißt du, was machst du, wie geht es dir, was hast du für Wünsche an mich, was kann ich für dich tun?« Er wird euch sein Herzensanliegen erläutern und euch bitten, dass ihr euch in eurer Welt ebenso darum kümmert wie er in der seinen. Und er wird euch nach euren Anliegen fragen. Dann könnt ihr ihm sagen: »Ich habe dies Problem, jenen Schmerz. Kannst du mir helfen mit deinem Wissen und deiner Weisheit, kannst du mir Kraft geben und mich unterstützen?«

Ihr werdet also versuchen, ihm ein bisschen ähnlich zu werden und mit ihm zusammenwirken – bis er euch bittet: Nun verkaufe oder verschenke mich weiter und mache dir einen anderen Stein zum Freund.

Also Steine, die ihr besitzt, wollen ein bisschen wie Menschen behandelt werden und nicht nur sinnlos herumliegen und Staub ansetzen. Sie wollen mit euch leben und etwas Hilfreiches bewirken.

Wie können sie wirken?

Der Steinmeister verlässt nicht seinen Stein und wirkt nicht unmittelbar auf euer Umfeld oder euren Körper ein. Er wirkt indirekt, indem er sich mit den Wesen eurer Innenräume in Verbindung setzt. Er spricht, singt, betet, tanzt, macht bestimmte Handbewegungen und löst so ein Schwingungsfeld aus. Das entfaltet Wirkungen auf eure Organvertreter, ja auf die Zellen eures Körpers. Er sagt z. B.: »Hallo, wisst ihr noch, wie es eigentlich gemeint war, wohin wir unterwegs sind und welche lichten Kräfte gerade jetzt so wichtig wären? Erinnert euch und bewahrt die Geduld, die Hoffnung, die Zuversicht.«

Also die Wirkkräfte z. B. der Heilsteine sind nicht solcher Art, dass sie unmittelbar etwas verändern. Sie sprechen vielmehr die bewahrenden Kräfte an, sie stärken, verstärken, stabilisieren. Die Wirkkräfte der Schutzsteine vermitteln euch das Gefühl, an einen Felsen gelehnt zu sein, sodass ihr die Sicherheit gewinnt, dass keine Gefahren in eurem Rücken drohen. Der Stein stärkt euch, indem er das Bewahrende hütet und beschützt.

Macht es einen Unterschied, ob der Stein geschliffen oder naturbelassen ist?

Für den Steinmeister selbst macht das keinen Unterschied, wohl aber für eure Betrachtung und eure Assoziationen. Ein rundlicher Stein verursacht ein eher mütterliches Gefühl, der geschliffene wirkt strahlender und erregt mehr Aufmerksamkeit, der polierte weckt den Sinn für lichte Schönheit. Der Steinmeister hat nichts dagegen, wenn ihr den Stein bearbeiten und einfassen lasst. Ihr könnt ihn vor euch auf den Tisch legen oder ihn am Ring oder an einer Kette tragen. Ihm ist alles recht, was dazu beiträgt, dass man mit ihm in Kontakt tritt und mit ihm arbeitet.

Wie empfindet es der Stein, wenn ein Bildhauer eine Skulptur aus ihm herausschlägt?

Ein wirklich guter Künstler macht nicht, was er will, sondern was der Stein will und ihm vorgibt. Im Idealfall wird der Steinmeister sagen: »Die äußere Form dieser Skulptur entspricht meinen inneren Gegebenheiten.« Dann ist er dankbar und fühlt sich geradezu befreit.

Wovon ernähren sich die Steinmeister?

Vom Gesang der Mutter. In diesen inneren Welten ist es nicht still, sondern es ertönt eine Melodie, so wie wenn aus der Ferne der Gesang eines Hirtenmädchens oder eine Schalmei herüberklingt. Die himmlische Mutter singt leise vor sich hin, wie Mütter singen, wenn sie ihr Kindlein wiegen. Ihr hört das Lied der Mutter natürlich nicht mit den äußeren Ohren. Aber die Innenwelten sind von diesem innigen Gesang erfüllt. Die Steinmeister sind zwar wie Monaden in ihre Welt eingeschlossen. Was sie aber untereinander verbindet, ist, dass sie alle zur selben Zeit dieselbe Melodie hören: den himmlischen Gesang der unendlich geduldigen, unendlich liebenden Mutter.

Kobolde

Von Kobolden habt ihr eine gewisse Vorstellung durch den »Pumuckl«, in dessen Gestalt zwar viel menschliche Fantasie hineinspielt, der aber auch realistische Züge hat. Allerdings sind die Namen der Kobolde immer einsilbig. Noch näher an der Realität ist Shakespeares »Puck« im *Sommernachtstraum.* Kobolde sind die Lausbuben unter den Naturgeistern, manchmal auch die Lausemädchen. Sie lieben den Schabernack und bringen die Menschen zum Lachen, zumindest zum Schmunzeln.

Wie sehen sie aus?

Sie sind bis zu einem halben Meter groß, haben dünne Gliedmaßen, aber große Hände, Füße und Ohren, Kulleraugen, ein lustiges Grinsen von Ohr zu Ohr. Sie bewegen sich sehr schnell und behend.

Kobolde sind die irdischsten unter den Feuerwesen, sie sind nicht an Flamme oder Glut oder Blitz gebunden. Sie sind Heißsporne, voll inneren Feuers, spontan und tatkräftig. Sie halten sich allerdings gern in der Nähe von Lagerfeuern oder anderen Feuerstellen auf, auch bei allem, was im übertragenen Sinn feurig ist und wo es »hoch hergeht«, z. B. auf Rummelplätzen, bei Festen und feierlichen Versammlungen aller Art, auch da, wo Stürme und Überschwemmungen Unordnung stiften, und schließlich bei allem, was euch brennende Stiche verpasst: Brennnesseln, Dornen, Ameisen, Mücken usw.

Was wollen sie?

Wenn es irgendwo besonders ordentlich und gesittet zugeht, sorgen sie dafür, dass etwas passiert, was die wohlerzogenen Leute »aus der Rolle« wirft: der Rotwein kippt über die Festtafel, das Brautkleid zerreißt, ein Bub imitiert den Pfarrer und zieht alle Aufmerksamkeit auf sich, zwei Buben kriegen sich in die Haare und solche Sachen mehr.

Es kommt ihnen darauf an, dass Temperament und Spontaneität gezeigt werden, damit das Ungezügelte und damit das Ehrliche und Wahrhaftige zu ihrem Recht kommen. Sie richten nichts wirklich Schlimmes an, es soll nicht ins Dunkle abgleiten, nicht in Wut, Aggression und Verletzungen. Es soll etwas Komisches passieren und die Menschen letztendlich zum Lachen bringen, auch und vor allem zum Lachen über sich selbst.

Warum tun sie das? Was ist ihr Motto?

Ihr Motto ist: »Sei der, der du bist.« Das bedeutet: »Lege wenigstens dann und wann das Korsett aus Normen, Benimmregeln und Wohlerzogenheit ab, falle aus der Rolle. Dann fällst du nämlich in deine Identität hinein, dann bist du echt, authentisch, der, der du wirklich bist.«

Das heißt nicht, dass ihr ständig außer Acht lassen solltet, was sich gehört, was der Kodex der Sittlichkeit, der Ordnung, des Rechtes, der herrschenden Werte von euch verlangt. Damit würdet ihr euch unmöglich machen und könntet im Leben nichts erreichen.

Ihr solltet darüber aber nicht vergessen, dass die gesellschaftliche Rolle, die ihr zu spielen habt, euch eurer Spontaneität beraubt, eure innere Freiheit einengt. Auch mal aus der Rolle zu fallen, ist eine Wohltat, eine Befreiung, ein Akt der Bewusstwerdung. Wenn ihr dann über euch selbst lachen und andere zum Mitlachen bringen könnt, habt ihr an Selbsterkenntnis gewonnen.

Es geht den Kobolden also um eine Variante des »Erkenne dich selbst« und des »Werde der, der du bist«?

Das wäre eine Note zu heilig und zu anspruchsvoll. Das hieße: Erinnere dich, was du warst, als du geschaffen wurdest, und bedenke, was du werden kannst und willst. Damit käme die ganz große Zeitachse von Vergangenheit und Zukunft ins Spiel. Daran denken die Kobolde nicht, ihnen geht es um die jeweilige Gegenwart. Du verbirgst dich hinter Fassaden, oft bis zur Unkenntlichkeit, sodass du schlussendlich gar nicht mehr weißt, wer du wirklich bist. Trau dich, du selbst zu sein, lass es zu, auch das mal zu leben. Dann bist du nicht böse, aber du bist auch nicht so, wie du dich als wohlerzogener Bürger gibst. Du bist einfach menschlich-natürlich.

Steh dazu, unterschätze dich nicht und überschätze dich nicht. Und wenn du schon meinst, du müsstest dich verbergen und anderen eine Rolle vorspielen, dann belüge dich wenigstens nicht selbst. Dieses »Sei der du bist« ist also viel harmloser als »Werde der du bist«, aber doch heiliger, als es den Anschein haben mag.

Wenn sich Menschen nicht provozieren lassen, geben die Kobolde dann resigniert auf?

Im Gegenteil: die Starre aufzubrechen macht ihnen Spaß und ist ja nur eine Frage der Zeit. Irgendwann erwischen sie jeden. Da sitzen vielleicht sechs oder acht von ihnen auf der Fensterbank und machen ein lustiges Wettspiel: Wem gelingt es als Erstem, diesen Menschen dazu zu bringen, dass seine wohlgeordnete Fassade zusammenbricht und er sich zeigt, wie er ist, ohne Rücksicht darauf, was die Leute sagen? Einer nach dem anderen macht seine Versuche, bis es gelungen ist – und es gelingt immer. Dann gibt es ein Riesen-Holdrio, und der Sieger ist der Held des Tages.

Also der Schatz, den sie hüten, ist die Authentizität?

Ja, die Authentizität und die Freiheit – also die Lebendigkeit und damit die Veränderlichkeit. Für die Kobolde gibt es kein »Muss«. Es gibt zwar den Kodex, der vorgibt, wie man sich in feinen Hotels oder bei Festtafeln oder Beerdigungen zu benehmen hat. Aber dieses »Muss« ist nichts, was die Kobolde auch nur im Geringsten respektieren. Im Gegenteil interessiert sie, was geschieht, wenn der Ober mit dem Tablett stolpert oder eine Mücke die Braut in der Nase kitzelt oder ein Kind die Versammlung dazu bringt, sich mit ihm zu beschäftigen, statt dem Redner zuzuhören.

Wie können wir mit den Kobolden umgehen?

Es gibt viele, die eng mit ihnen verbunden sind, vor allem Karikaturisten, Kabarettisten, Clowns, Pantomimen, Maler, Schriftsteller, die den Menschen den Spiegel ihrer Unechtheit, vielleicht sogar ihrer Verlogenheit und Heuchelei vorhalten: Ihr seid nicht so fein und sauber und ordentlich, wie ihr euch gebt. Machen sie das mit liebevollem Humor und nicht mit Bösartigkeit, dann sind sie gewiss von Kobolden umgeben und tun auch gut daran, sie sich bewusst zu Freunden zu machen.

Wie macht man sie zu Freunden?

Indem man ihnen ähnlich, also koboldhaft wird, d.h. sich die innere Freiheit nimmt, spontan zu sein. Spontan sein heißt, sich für einen Moment nicht so zu verhalten, wie es der Etikette, sondern so, wie es der inneren Empfindung entspricht. Ihr imitiert z.B. den Gang und die Mimik eines säuerlichen Menschen und bringt ihn zum Lächeln. Oder die Bilder einer Vernissage gefallen euch gar nicht, aber der Künstler ist anwesend und wartet auf euer Lob. Normalerweise werdet ihr dann bedeutungsvoll nicken und »bemerkenswert« sagen oder so etwas. Stattdessen könnt ihr den Banausen spielen, z.B. einen Kopfstand machen und sagen: »So gefällt es mir noch besser« oder bitten, das Bild mal von hinten sehen zu dürfen, vorausgesetzt der Künstler hat genug Selbstwertgefühl, um solche Witzchen zu vertragen. Lausbübereien unterscheiden sich von Bösartigkeiten dadurch, dass sie nicht verletzen, sofort wieder aufhören und den anderen das Gesicht wahren lassen. Das Kriterium ist, ob der andere selbst darüber lachen kann.

Seid ihr den Kobolden ein bisschen ähnlich, könnt ihr mit ihnen in Kontakt kommen und sie sogar bitten, bei euch zu Hause zu wohnen. Dann wären allerdings Blumentöpfe mit Brennnesseln angebracht. Die Kobolde werden den guten Ton und die Erziehung nicht stören, aber dafür sorgen, dass ihr nicht darin erstarrt, dass vielmehr ein gewisses Maß an Echtheit, Spontaneität und gemütlicher Unordnung erhalten bleibt. Eure Gäste dürfen dann auch die Ellbogen aufstützen oder die Füße auf den gegenüberliegenden Sessel legen und allerlei Späßchen machen. Sie werden sich wohl fühlen – nach dem Motto: »Hier bin ich Mensch, hier darf ich's sein!«

Wo es Kobolde gibt, wird es keinen geregelten Tagesablauf und keine wohl geordnete Wohnungseinrichtung mit Glasvitrinen und allerlei Nippes geben, keine servierenden Dienstmädchen in schwarzem Kleid mit weißem Schürzchen, keine festliegende Sitzordnung, keine autoritären Eltern mit braven Kindern, die bei Tisch schweigen und immer korrekt mit Messer und Gabel speisen. Da herrschen Lebendigkeit, Fröhlichkeit und Menschlichkeit. Das Maß zwischen Freiheit und Ordnung wird das Verhältnis von 30 zu 70 nie unterschreiten, sondern eher gegen 50 zu 50 tendieren, auch 70 zu 30 ist noch gut lebbar.

Übung

Geht mal die letzten zehn Tage in der Erinnerung durch und fragt euch: Wie viele Tage habe ich mich so verhalten, wie es üblich und ordentlich und eigentlich vorgeschrieben ist, wie oft habe ich spontan etwas anderes gemacht?

Mindestens dreimal in zehn Tagen sollte das vorgekommen sein! Wenn euer Freiheitsparameter noch weiter absinkt, wird es beängstigend.

Kriegen wir da nicht Probleme mit anderen Naturgeistern, die die Tradition und die Werte achten?

Gewiss. So werden z.B. die Wichtel den Kobolden sagen: »Jetzt lasst es mal genug sein, das gibt zu viel Unordnung.« Die werden antworten: »Wieso, uns macht's Spaß.« Dann entscheidet *ihr,* d.h. weder die einen noch die anderen können euch manipulieren, sie können nur Anreize bieten. Die Naturwesen treffen keine Gewissensentscheidung; der Mensch spricht das letzte Wort. Wenn der Mensch eine wohl bedachte Entscheidung trifft, ist sie für die Naturgeister verbindlich.

Auch das ist mit dem Wort ausgedrückt: »Macht euch die Erde untertan« (Gen. 1,28). Das besagt ja nicht: Beutet sie rücksichtslos aus, sondern übernehmt die Verantwortung für ihr Wohlergehen. Und dazu gehört auch: Werdet allen Naturgeistern gerecht, liebt sie alle, integriert ihre verschiedenen Facetten, waltet im Konfliktfall als Schiedsrichter, schafft Harmonie zwischen ihnen. Ihr könnt dem einen oder dem anderen den Vorzug geben, aber ihr solltet keinen ganz übersehen. Wenn ihr so lebt, nähert ihr euch dem Ideal, das euch Franz von Assisi und andere Heilige vorgelebt haben, aber auch Jesus Christus selbst, der Frieden brachte, wo immer er seinen Fuß hinsetzte.

Wenn ihr das gelernt habt, werden alle Naturgeister euch gehorchen. Dann könnt ihr z.B. den Undinen sagen: »Euer Ritt ist wunderschön, aber die Menschen auf dem Schiff da brauchen im Moment ruhige See, sie sterben sonst vor Angst, wartet also ein wenig«, und sie werden das tun. Und wenn der Mönch die Entscheidung trifft, sich in eine strenge Klosterdisziplin einzubinden und die Kobolde bittet, sich zurückzuhalten, werden sie das respektieren. Was immer der Friedensstifter den Naturgeistern befiehlt: Sie werden freiwillig und aus Liebe auf sein Wort hören. Er hat sich wirklich die Natur untertan gemacht.

Ihr könnt das auch, ihr braucht nur den Mut, mit den Naturgeistern zu reden – ohne Zögern, ohne Wenn und Aber. Um damit anzufangen, braucht ihr die Kobolde. Denn die Leute werden den Kopf schütteln, wenn ihr im Gespräch mit den Naturgeistern so vor euch hinmurmelt. Dann gibt euch der Kobold den nötigen Schubs, zu sagen: »Ich bin aber so und weiß auch warum.« Wenn die anderen lachen, dann lacht ihr zurück. Ihr braucht die Kobolde, um einen Schritt zu tun, der wenig populär ist. Das gilt ganz allgemein, es gilt auch für den Entschluss, in Zukunft Christ zu sein.

Fünkchen

Die Fünkchen sind die kurzlebigsten unter allen Naturgeistern, sie kommen nur für einen Moment auf die Erde und kehren sofort zur Mutter zurück. Sie begleiten z.B. den Blitz, das Aufleuchten einer Sternschnuppe, den Sonnenstrahl, der nur ganz kurz zwischen den Wolken hervortritt. Ihr könnt sie herbeirufen, indem ihr ein Streichholz entzündet: Da habt ihr sie in dem kurzen Moment vor Augen, ehe die Flamme entsteht (in der dann Salamander wohnen). Manchmal seht ihr sie – scheinbar ohne äußeren Anlass – in der Landschaft aufleuchten.

Verwechselt die Fünkchen nicht mit den »Irrwischen« oder »Irrlichtern«, die Menschen im dunklen Wald in die Sümpfe führen, wie ihr das aus manchen Märchen kennt. Die Irrlichter gehen nicht aus der Hand der himmlischen, sondern der dunklen Hierarchien hervor, sie sind eine Nachahmung, eine Gegenerfindung. Es fehlt ihnen das Leuchtende und Warme. Sie bringen nicht Licht und Klarheit, sondern Unsicherheit und Angst.

Sind die Fünkchen auch in technisch erzeugten kurzen Lichterscheinungen – etwa durch Blitzlicht oder Feuerwerkskörper – präsent?

Mitunter ja, aber nicht immer – das ist ihnen freigestellt. Wenn es euch gelingt, die Fünkchen in einer Lichterscheinung wahrzunehmen, seht ihr nicht mehr als ein Gesicht und vielleicht zwei Hände. Das Gesicht ist sehr ausdruckstark, es überzeichnet bestimmte Emotionen wie ein expressionistischer Schauspieler. Das Eigentümliche ist, dass jeder Mensch, je nach seiner Befindlichkeit, den Ausdruck anders wahrnimmt. Für den einen ist er z.B. süß, betörend, verlockend, für den anderen fröhlich, aufheiternd, aufmunternd, für den dritten zustimmend, bekräftigend, bestätigend, für den vierten warnend, erschreckend, aufrüttelnd, für den fünften betrübt, erschütternd, leidend, für den sechsten nachdenklich, sinnierend, in sich gekehrt.

Der Gesichtsausdruck enthält eine Botschaft an den jeweiligen Menschen und hängt davon ab, was für ihn in seiner individuellen Situation gerade wichtig ist.

Und wenn keine Menschen in der Nähe sind?

Dann ist der Ausdruck lobpreisend. Das Gesicht jubelt sozusagen: »Der Vater hat gesagt: Es werde Licht.« Es drückt in spielerischer Weise Freude darüber aus, dass es Licht, Klarheit und Erleuchtung in der Welt gibt.

Sind die Fünkchen Inspiratoren?

Nein, ihr Aufleuchten erinnert an die Möglichkeit der Inspiration. Wo eine Inspiration stattfindet, wird es sie begleiten, bestärken, bestätigen, besiegeln. Es setzt ein äußeres Zeichen, das auf die Inspiration hinweist, für sie empfangsbereit macht und ihren Eintritt zum vollen Bewusstsein bringt. Die Inspiration selbst stammt aus der Sphäre der Engel, des Sophiendoms oder des Heiligen Geistes und letztlich der Trinität.[34]

Ihr wisst ja, dass den großen Entdeckungen und künstlerischen Schöpfungen immer eine Idee, ein »Einfall« zugrunde liegt. Der Forscher grübelt monatelang über einem Problem, und plötzlich weiß er: »Jetzt hab ich's.« Ein Gedankenblitz stellt die Weichen für sein ganzes künftiges Werk. Dem Kom-

34 siehe Alexa Kriele: *Wie im Himmel so auf Erden*, Bd. III S. 298ff.

ponisten tritt in einem einzigen Augenblick die ganze Symphonie vor Augen, die er dann auszuarbeiten hat und deren Erklingen vielleicht eine Stunde in Anspruch nimmt. Aber auch eure individuellen Lebensprobleme lösen sich oft durch Inspiration. Ein junger Mensch probiert allerlei Ansätze für einen Beruf – plötzlich weiß er, was er tun will und worin er Erfolg haben wird. Ein Mann begegnet einem Mädchen, und beide wissen sofort mit ruhiger Klarheit: Unsere Ehe wird von den Sonnenengeln gefügt und lebenslang Bestand haben. Ein Mönch betet, kontempliert und meditiert über Jahre und fühlt sich frustriert – bis er plötzlich zur Erleuchtung findet.

In dem Augenblick, in dem ein Mensch eine Inspiration, einen »Einfall«, eine Erleuchtung, eine Erkenntnis erlebt, wird er irgendwo in seiner Nähe eine blitzartige Lichterscheinung – ein »Fünkchen« – wahrnehmen können. Das mag euch seltsam anmuten, Skeptikern wird es ganz unglaublich erscheinen, aber es ist eine Tatsache. Achtet in Zukunft darauf, notiert es in eurem Tagebuch und erstaunt darüber nicht allzu sehr. Auch die Bibel berichtet euch ja an vielen Stellen, dass Geschehnisse, die für den Himmel bedeutsam sind – im Guten wie im Schlimmen –, von Naturereignissen begleitet werden, in denen sie einen symbolischen Ausdruck finden – eine Entsprechung auf der Ebene der Naturwesen. Denkt z.B. an das Pfingstgeschehen oder an die Kreuzigungsszene. Auch die Fünkchen erfüllen eine solche Funktion.

Beim Pfingstgeschehen erschienen auf den Häuptern der Beteiligten »Zungen wie von Feuer« (Apg. 2,3). Waren das Fünkchen?

Richtig. Da haben ja nicht Flammen stundenlang die Haare versengt, sondern da gab es ein kurzes Aufleuchten, das die Inspiration durch den Heiligen Geist begleitete. Auch da sah ein jeder einen anderen Gesichtsausdruck, je nachdem wie es jeweils für ihn individuell bedeutsam war. Ein gleiches Phänomen zeigte sich dann darin, dass ein jeder in seiner Sprache verstand, was die anderen sagten (Apg. 2,6).

Wo Ewigkeit in die Zeit eintritt, sind die Bedingungen der Zeitlichkeit außer Kraft gesetzt. Es gibt keinen Unterschied zwischen dem Augenblick und der Ewigkeit. Der Einbruch der Ewigkeit geschieht in einem Moment. Er zeigt sich für jeden in der für ihn verständlichen Weise. Es gibt nicht viele Wahrheiten, sondern eine Wahrheit, aber sie spricht so viele Sprachen, wie es Betrachter gibt. Es gibt den einen Gott, aber verschiedene Weisen der Annäherung und des Verstehens.

Die Präsenz der Fünkchen setzt ein deutliches Zeichen, wenn das Licht in die Nacht einbricht: In diesem kurzen Moment tretet ihr in Kontakt mit der Ewigkeit. Für den Verstand ist das nicht zu fassen, weil er an die Raum-Zeitachse gebunden ist. Der Verstand dient euch dazu, dass ihr euch in der irdischen Raum-Zeit-Welt orientieren könnt. Doch die höchste Erkenntnis erlangt ihr nur durch Überschreiten der Grenzen des Verstandes: durch das Eintauchen in das Geheimnis, durch die Begegnung mit dem Mysterium. Diese Weisheit ist der Schatz, den die Fünkchen hüten.

Lässt sie sich in einem Motto wiedergeben?

Nicht so einfach. Die Fünkchen haben eine Vorliebe für paradoxe Wendungen, z.B.: »Wenn du nicht mehr verstehst, ist alles klar.« Oder: »Wenn die Nacht am dunkelsten ist, wird das Licht am hellsten.« Oder: »Alles ist nichts.« Oder: »Das lebendige Wort kann nur geschwiegen werden.« Oder: »Das Licht ist unsichtbar.«

Solche Sätze überfordern den Verstand und könnten euch zur Verzweiflung bringen. Es bleibt euch nur, ihn abzuschalten und in das Geheimnis einzutauchen. Das Bemühen der großen Mystiker, solche Sätze in »verständlichen« Worten wiederzugeben, ist eine harte Schule des Ringens mit der Vergeblichkeit und letztlich selbst paradox. Denn erst das resignierte Aufgeben zeigt den Eintritt der Erkenntnis an. Solange ihr eure Erkenntnis nämlich in Worten beschreiben könnt, seid ihr noch nicht beim Kern der Erkenntnis angekommen, nämlich bei der Ewigkeit.

Wovon ernähren sich die Fünkchen?

Sie fressen sozusagen alles weg, was mit dem Intellekt, mit Argumenten, mit Räsonieren, mit Vergangenheitsbewusstsein und Zukunftsplanung zu tun hat. Der Verstand steht dann vor einem Vakuum. Die Fünkchen machen euch bewusst, wenn die Vertikale in die Horizontale der Raum-Zeit-Ausbreitung einbricht: das Erfassen des Ewigen.

Der Auftrag, mit dem die Mutter sie immer wieder für kurze Momente auf die Erde entlässt, ist, euch daran zu erinnern, dass es Inspirationen gibt, damit ihr im Falle ihres Eintritts vorbereitet und wach seid.

Lichtgeister

Während die Fünkchen die Inspirationen begleiten, weisen euch die Lichtgeister auf die ganz großen, geschichtlich bedeutsamen Initiationen hin. Inspirationen sind nicht selten: Sie vermitteln den Künstlern, den Forschern, den religiös Suchenden die Ideen, die ihr Wirken maßgeblich bestimmen. Aus Initiationen gehen große Heilige und weise Menschheitslehrer hervor. Sie bringen eine Umwandlung der gesamten Persönlichkeit mit sich und können ganze Kulturräume maßgeblich beeinflussen.

Die Lichtgeister sind wie die »Geistchen« Diener des Heiligen Geistes. Während euch aber die Geistchen in den alltäglichen Böen und Windstößen für sein Wirken auf allen Ebenen des Bewusstseins wach machen wollen, umhüllen die Lichtgeister den erweckten Menschen im Moment seiner Erleuchtung mit dem Licht des Himmels.

Sie begleiteten die vom Licht des Herrn umstrahlten Engel, die den Hirten die Geburt des Gottessohnes verkündeten, den Stern, der den Weisen aus dem Morgenland den Weg wies, die Taufe Jesu im Jordan, die Ereignisse auf dem Berg Tabor, das blendende Licht bei der Wandlung des Saulus zum Paulus und ähnliche Erscheinungen, die euch aus dem Leben vieler Heiliger, Weiser, Mystiker überliefert sind.

Der Mensch, der den Lichtgeistern begegnet, hat das Gefühl: Eine große Erkenntnis überstrahlt sein weiteres Leben, sie ist über ihm aufgegangen wie die Morgensonne. So etwas begegnet nicht vielen Menschen, und die, denen es geschenkt wird, erfahren es vielleicht einmal im Leben, manchmal zweimal, höchstens dreimal. Das Erlebnis gewinnt meistens nicht nur für ihn, sondern auch für viele andere Menschen Bedeutung. Es bringt eine durchgreifende Lebensveränderung und Neuorientierung mit sich. Ihr könnt euch durch euer spirituelles Leben darum bemühen und euch darauf vorbereiten, die Begegnung aber nicht aus eigener Initiative herbeiführen. Ihr könnt die Lichtgeister auch nicht zum Bleiben auffordern.

In leuchtenden Himmelserscheinungen wie z. B. Kometen oder Nordlichtern erinnern sie euch öfter daran, dass es so etwas gibt, und ihr solltet euch erinnern lassen. Da die unmittelbare Begegnung mit den Lichtgeistern ein so seltenes Ereignis ist, sind sie dem Volk wenig vertraut. Umso wichtiger ist, dass ihr sie in eurem Buch nicht unerwähnt lasst.

Lässt sich der Schatz, den sie hüten, in einem Motto zusammenfassen?

Ja, es besteht aus zwei Sätzen, einem Dialog zwischen dem Vater und dem Menschen: »Du bist mein geliebtes Kind« und: »Geheiligt werde Dein Name, Dein Wille geschehe.« Der erste Satz knüpft an die Jordantaufe an, wo sich der Heilige Geist in Gestalt einer Taube auf Jesu Haupt niedersenkte und der Vater sprach: »Du bist mein geliebter Sohn, an dir habe ich Wohlgefallen.«[35] Der zweite Satz ist euch aus dem Vaterunser vertraut; er ist die einzig adäquate Antwort in einer solchen Situation. Der Schatz, den die Lichtgeister hüten, ist die Erinnerung an das Ereignis der Jordantaufe und daran, dass nicht nur der Gottessohn, sondern jeder Mensch ein geliebtes Kind des Vaters ist.

Wovon ernähren sie sich?

Sie ernähren sich von der Erinnerung an die gelungenen Initiationen. Die wird sich übrigens auch für euch als überaus

35 Mt. 3,16; Mk. 1,9–11; Lk. 3,21 f; Joh. 1,32–34.

nährstoffreich erweisen. Ihr könnt sie euch auch nach vielen Jahrhunderten immer wieder ins Gedächtnis rufen. Die Berichte von solchen Erlebnissen solltet ihr euren Kindern weitergeben, ihnen gelungene Darstellungen in Form von Gedichten, Erzählungen, Liedern vortragen, vorlesen oder mit ihnen singen. Wenn sich eine solche Initiationsgeschichte in eurer Umgebung zugetragen hat, empfehle ich, dass ihr euch mit traurigen oder geschwächten Menschen an den Ort begebt und euch in das Geschehene versenkt. Ihr werdet mit Freude und neuer Kraft zurückkehren.

Hüter des Regenbogens (die »Alumnen«)

Ihr wisst, dass der Regenbogen in der Heiligen Schrift ein Symbol für den Bund Gottes mit der Erde ist (Gen. 4,9–17). Jede Erscheinung eines Regenbogens ist von Naturgeistern begleitet, die daran erinnern wollen, dass dieser Bund fortbesteht und von Seiten Gottes niemals gebrochen wird.

Sie treten immer in Gruppen zu Sieben auf: Sechs Naturgeisterbuben sind gekleidet in eine den Farben Rot, Orange, Gelb, Grün, Blau und Violett, dazu ein Lehrer oder Meister in Weiß. Die Buben stellt euch fröhlich vor, mit strahlenden Augen, ein bisschen verschmitzt lächelnd. Jeder hat seine individuelle Prägung, doch alle haben so eine intelligent-komische Art an sich. Der Meister wirkt streng, aber auch zufrieden mit seinen Schülern, ein bisschen väterlich stolz auf sie. Diese Sieben bilden eine untrennbare Einheit. Sie tauchen stets gemeinsam auf, tragen das Farbspiel des Regenbogens und kehren dann zur Mutter zurück.

Sie hüten aber nicht nur den Regenbogen. Sie begleiten alles, was einen Bogen spannt: den Tag vom Morgen zum Abend, die Nacht vom Abend zum Morgen, den dämmernden Übergang zwischen Tag und Nacht bzw. Nacht und Tag, die Woche von Sonntag bis Sonntag, den Bogen vom Jahresanfang bis Jahresende.

Sie hüten auch eure Lebensbögen. Wird ein Kind geboren, so wird nicht nur eine Einheit von Leib und Seele begründet, sondern auch ein Bündnis zwischen Himmel und Erde geschlossen. Die Seele legt das Versprechen ab, zum Heil der Welt da zu sein, nicht selten auch das Versprechen, eine bestimmte Lebensaufgabe zu erfüllen. Von da an spannt sich ein großer Bogen bis zu dem Ort und Zeitpunkt, wo dieser Mensch stirbt. An der Stätte des Anfangs lässt sich eine dieser Siebener-Gruppen nieder und hütet das Versprechen.

Sie hüten aber nicht nur den Lebensbogen im Ganzen, sondern auch die Bögen, die von allerlei Versprechen ihren Ausgang nehmen, die ihr im Laufe eures Lebens ablegt. Ihr geht z. B. eine Ehe ein und gelobt Treue, bis dass der Tod euch scheidet. Den Ort, wo das geschieht, hütet eine solche Siebener-Einheit wie einen Brückenpfeiler. Hält die Ehe bis zum Lebensende, habt ihr einen schön vollendeten Regenbogen. Dasselbe gilt, wenn ihr euch vornehmt, ein Werk zu schaffen, ein Haus zu bauen, eine Ausbildung zu machen, ein Instrument zu erlernen, nie mehr zu lügen, zu stehlen oder Drogen zu nehmen und so fort. Es gilt für alle Versprechen, die für den Himmel in irgendeiner Weise bedeutsam sind, in denen also eine Orientierung an heiligen Werten zum Ausdruck kommt und die eure Lebensgestaltung prägen sollen. Es gilt nicht für Versprechen von geringer Wichtigkeit, nicht z. B. für den Vorsatz »heute esse ich nur Salat«. Die Naturgeister hüten die heiligen Implikationen eines Versprechens, damit ein schöner Regenbogen daraus wird.

Was geschieht, wenn die Ehe scheitert, die Prüfung misslingt, ein Vorhaben aufgegeben wird usw.?

Dann bricht der Regenbogen ab und starrt wie eine halbfertige Brücke in die Luft. Ist euer Lebenslauf von lauter abgebrochenen Regenbogen gesäumt, ist das ein sehr unschöner Anblick.

Hinterlässt das unerfüllte Versprechen einen Abdruck in der geistigen Welt, der die Seele nach dem Sterben belastet?

Nein, ihr nehmt dort nur die vollendeten Regenbogen wahr, die abgebrochenen sind gelöscht. Die Alumnen verzehren sie,

sie futtern sie sozusagen weg – sie sind sehr rührende, nachsichtige Wesen. Ihr wisst dann schon, dass da eine leere Stelle ist, wo mal etwas war, und das macht die Seele ein wenig traurig. Aber es findet keine Bestrafung, keine Katastrophe statt. Was da zurückbleibt, ist viel leiser: eine Spur von Trauer und Bedauern. Die Seele sagt sich: »Also das nächste Mal gibt es nur zwei Möglichkeiten: entweder weniger versprechen oder mehr halten!«

Was für einen Schatz hüten die Alumnen?

Sie hüten die Idee des Versprechens, des Gelöbnisses, des Bundes, die Idee der verlässlichen Beziehung, deren Urbild der Bund Gottes mit der Erde und dessen Symbol der Regenbogen ist. Der Regenbogen in seiner himmlischen Form überwölbt in unvergänglicher Ruhe alles, was in der Welt geschieht. Das bedeutet: Das Gelöbnis des Vaters ist unverbrüchlich, wird von seiner Seite nie in Frage gestellt, ganz unabhängig von allen Irrungen und Wirrungen in der Welt. Das Ende des Regenbogens zeigt auf die schlussendliche Heimkehr der Schöpfung zum Vater.

Nur weil es das Gelöbnis des Vaters gibt, ist ein menschliches Gelöbnis überhaupt möglich. Ein solches lebt aus seinem Bezug zur Treue des Vaters, empfängt von daher seinen Sinn und seine Kraft. Gäbe es das Gelöbnis des Vaters nicht, wäre ein menschliches Versprechen nur der Ausdruck eines momentanen Vorhabens – nicht verlässlicher als tausend andere Dinge, die ihr im Laufe des Tages sagt. Wenn ihr etwas versprecht, dann ahmt ihr ein Ritual nach, das der Vater mit allem Ernst gemeint hat, ihr bedient euch eines der heiligsten Instrumente, die es überhaupt gibt.

Deshalb seid vorsichtig mit Versprechen, überlegt sie euch gut, gebt sie nicht ab, wenn ihr euch nicht absolut gewiss seid, dass ihr sie auch unter veränderten Lebenssituationen halten könnt. Seid z. B. ganz zurückhaltend mit kirchlichen Trauungen, solange ihr nicht sicher wisst, dass eure Ehe wirklich im

Himmel begründet ist und Bestand haben wird, bis dass der Tod euch scheidet.[36] Wenig versprechen, die Versprechen aber halten ist besser, als viel versprechen und nichts halten.

Hätten diejenigen, die einen Eid z. B. auf Hitler abgelegt hatten, ihn halten sollen?

Einen Eid auf einen Menschen abzulegen, ist ein Verrat an den heiligen Werten. Wer einen solchen Eid abgelegt hat und später bricht, hat den Fehler schon am Anfang gemacht. Er hat sich in eine Verstrickung begeben, in der er in jedem Fall schuldig wird – wenn er den Eid bricht und erst recht, wenn er ihn hält. Ein Gelöbnis kann nur vor Gott abgelegt werden; ihr habt also sorgfältig zu prüfen, ob es mit den ewigen Werten in Einklang steht. In diesem Einklang können auch weltliche Gelöbnisse stehen. Ihr schwört z. B. als Zeuge, die Wahrheit zu sagen, oder bei Antritt eines öffentlichen Amtes, es gerecht und unparteiisch auszuüben und Schaden von den euch anvertrauten Menschen abzuwenden. Aber lasst euch nie zu einem Gelöbnis verleiten, das ihr nicht vor Gott verantworten könnt – schon gar nicht mit der Formel »so wahr mir Gott helfe«.

Lässt sich der Schatz, den die Alumnen hüten, in einem Motto zusammenfassen?

In einer simplen, für Menschen gedachten Formel lautet ihr Motto: »Versprochen ist versprochen.« Kinder pflegen hinzuzufügen: »… und wird nicht gebrochen.« Aber wohlgemerkt: Das gilt für Versprechen, mit denen ihr euch in irgendeiner Form dem Himmel angelobt. Wenn sich ein junger Mensch für einen Beruf entschieden hat und dann entdeckt, dass der ihm nicht liegt und in einen anderen Beruf überwechselt, hat er zwar auch einen abgebrochenen Regenbogen,

36 siehe Alexa Kriele: *Wie im Himmel so auf Erden*, Bd. I S. 97–109.

den die Alumnen verzehren. Aber das hinterlässt dann keine Trauer und wird weder von seiner Seele noch vom Himmel als etwas Bedauerliches angesehen. Es gibt aber Regenbögen, die nicht so blass, sondern leuchtend sind. Ehe ihr euch z. B. zu einem Priester- oder Mönchsgelübde oder einer Ehe vor Gott entschließt, solltet ihr euch ganz sorgfältig prüfen. Wenn ihr dann später scheitert, ist das sehr schade. Dann bleibt euch aber bewusst: Gottes Versprechen ist unverbrüchlich, sein »Ja« bedeutet für immer »Ja«, auch dann, wenn ihr ein Gelöbnis nicht gehalten habt.

Wie können wir mit diesen wunderbaren Naturgeistern in unmittelbaren Kontakt kommen?

Erster Schritt: Wenn ihr wieder mal einen Regenbogen seht, nehmt euch Zeit und betrachtet ihn so lange, wie er da steht. Stellt euch vor, er werde von ihnen getragen – vielleicht an einem Ende vom Meister, am anderen von den Schülern. Macht euch klar: Ihr seid Zeuge des Bundes zwischen Himmel und Erde, dessen Zeichen euch gerade vor Augen geführt wird. Erinnert euch des Versprechens, das eure Seele abgegeben hat, als sie sich auf Erden inkarnierte, nämlich zum Heil der Welt da zu sein. Und erinnert euch anderer Versprechen, die ihr im Angesicht des Himmels gegeben habt. Dann werdet ihr mit diesen Wesen in Einklang kommen, werdet spüren, was sie hüten, werdet nachfühlen, mit welch schöner, ehrenvoller Aufgabe sie betraut sind.

Zweiter Schritt: Dann macht einmal folgende

Übung

Malt einmal euer bisheriges Leben in Gestalt von lauter Regenbögen. Ihr habt euch z. B. im Jahre X vorgenommen, ein Werk zu schaffen – ein Buch zu schreiben, ein Bild zu malen, ein Haus zu bauen, eine Prüfung zu bestehen usw. –, und habt es auch vollendet. Das gibt lauter schöne runde Regenbögen. Ihr habt ein Werk begonnen, arbeitet aber noch daran: Das gibt einen noch unvollendeten Regenbogen. Ihr habt etwas endgültig abgebrochen: Der Regenbogen bleibt eine Ruine. Dann schaut euch das Bild an und fragt euch: Wie viel Vollendetes, wie viel noch nicht zu Ende Geführtes, wie viel Abgebrochenes ist da zu sehen?

DRITTER SCHRITT: Es ist für euch nicht gleichgültig zu wissen, an welchem Ort, in welchem Haus ihr geboren seid. Macht einmal Besuch an der Stätte eurer Geburt – wenn das nicht geht, zumindest in der Vorstellung – und dankt den Naturgeistern, die dort eure Lebensversprechen hüten. Sie hüten nicht nur euer Dasein an sich, sondern auch die Lebensaufgabe, die ihr euch eventuell vorgenommen hattet oder mit der ihr vom Himmel betraut worden seid. Sie geben nie auf. Sie sagen z.B. nicht: »Der wollte doch ein Meisterwerk schaffen, und nun liegt er da als Trinker.« Sondern sie sagen: »Es kann immer noch etwas werden, es ist nie zu spät!« Versucht, mit diesen Wesen zu sprechen, lasst euch von ihnen ermutigen!

VIERTER SCHRITT: Überlegt euch mal, ob es etwas gibt, das euch wichtig ist und das ihr jetzt mit Blick auf den Bund zwischen Himmel und Erde gerne geloben möchtet. Sucht euch einen Ort, mit dem ihr innerlich verbunden seid, und legt dort euer Versprechen ab. Damit macht ihr diese Stätte zu einem heiligen Ort. Dort werden dann diese Sieben einen Regenbogenanfang setzen und ihn hüten. Ihr könnt euch immer wieder an diesen Platz begeben und euch in ihre Mitte setzen: Das wird euch sehr bestärken und euch helfen, das Versprechen zu halten. Ihr werdet das Gefühl haben: Hier ist der Himmel offen, hier bin ich dem Vater nahe – er sagt »Ja« zu mir und ich zu ihm.

Es kann auch ein Platz sein, den ihr nicht als heiligen Ort erschafft, sondern der es schon ist. Man spürt ja manchen Stätten an, dass dort viel gebetet wurde: in Klöstern, Kirchen, an

Wallfahrtsstätten, ehemaligen Einsiedeleien usw. Da wird ein Himmelsbund fast greifbar, ihr habt das Gefühl, ihr könntet die Regenbögen, die dort beginnen, fast physisch sehen. Dort lasst dann einen neuen Regenbogen beginnen, oder, wenn es euch sehr ernst ist, auch drei oder sieben oder höchstens zwölf – das wäre dann schon sehr heilig.

FÜNFTER SCHRITT: Und schließlich solltet ihr in den zwölf heiligen Nächten nicht versäumen, die Übung zu machen, durch die ihr Regenbogen-Brücken zu anderen Menschen schlagt, wie euch an anderer Stelle angegeben wurde.[37]

Kannst du uns noch tieferen Einblick in den Weisheitsschatz geben, den diese Naturgeister hüten?

Betrachtet zunächst das Bild dieser Sieben. Jeder Schüler hat seine eigene Farbe, seine eigene Identität, ist ein Spezialist, ein Meister in seinem Fach. Aber es gibt keinen Machtkampf zwischen ihnen, sondern ein schönes, lichtes, friedliches Zusammenspiel. Das Weiß des Lehrers ist die Mischung, die unaufgespaltene Einheit dieser Farben. Alle gehören zueinander. Es gibt keinen Meister, der nicht zugleich Schüler wäre. Er wäre aber auch nicht Lehrer ohne die Schüler, die ihrerseits Meister in ihrem Fach sind.

Was ihr da gezeigt bekommt, ist das Bild des Wissenden schlechthin, der die einzelnen Aspekte sieht und durch sie hindurch das Ganze. Das Gesamte der Wahrnehmung und die Einzelheiten der Wahrnehmung bedingen sich gegenseitig.

Die Wahrnehmung einer jeden Farbe ist von einer ihr eigentümlichen Gefühlsregung begleitet. Die ganze Welt ist eine Mischung aus farbigem Licht und ihm zugehörigen Tonwerten. Versucht einmal, euch darüber klar zu werden, dass jede Wahrnehmung Emotionen in euch auslöst. Ihr schaut

37 siehe Alexa Kriele: *Naturgeister erzählen*, S. 92–95.

einen Baum an – was fühlt ihr? Ihr schaut einen Panzer, eine Taube, ein Rad, eine Wolke, einen Fisch an – was fühlt ihr? Versucht einmal, die Gefühlstönung der jeweiligen Wahrnehmung nicht im Unklaren oder Halbklaren zu lassen, sondern sie genau zu beschreiben.

Das ist schwieriger, als es auf den ersten Blick erscheinen mag, denn ihr seid gewohnt, in Konstrukten zu denken, die euch vorgeben, wie die Dinge zu erleben und zu bewerten sind. Indem ihr euch dieser wahrnehmungsbegleitenden Emotionen klar bewusst werdet, durchbrecht ihr die Konstrukte, nähert euch der Wirklichkeit und könnt, wenn ihr darin geübt seid, bis zu ihrem Wesenskern durchdringen.

Ich empfehle euch folgende

Übung

Erster Schritt: Versucht einmal, euch auf einen Gegenstand zu konzentrieren, ihn mit allen Sinnen wahrzunehmen und die Einzelheiten zu registrieren: Wie sieht er in Größe, Form und Gestalt aus? Wie fühlt er sich an, wie weich oder fest ist er, wie rund oder kantig, wie warm oder kalt, wie leicht oder schwer? Wie riecht er? Welchen Klang hört man, wenn man ihn bewegt oder fallen lässt? Wie ist seine Lage im Verhältnis zu seiner Umgebung? – und so fort.

Zweiter Schritt: Versucht, euch der Emotionen, die die Wahrnehmung begleiten, möglichst genau bewusst zu werden. Das fällt nicht schwer, soweit es sich um sehr starke Emotionen handelt: um Glücksgefühle und vor allem um Negativgefühle wie Abscheu, Ärger, Wut usw. Es geht aber darum, sich der subtilen Gefühle bewusst zu werden, die mit Erinnerungen und Assoziationen verknüpft sein mögen: Was fühle ich, wenn ich diesen Teller auf den Tisch stelle oder diesen Schrank oder diesen Wasserhahn anschaue? Welche Mischung von Gefühlen begleitet mich, wenn ich aus dem Fenster schaue oder durch diese Tür hinausgehe?

Dritter Schritt: Versucht, euch bei geschlossenen Augen einer früheren Wahrnehmung und der sie begleitenden Emotionen zu erinnern. Ihr habt z. B. einmal eine rosa Rose angeschaut und seid in eine zärtlich-romantische Träumerei verfallen. Könnt ihr dieselben Gefühle wieder hervorrufen?

Vierter Schritt: Wenn ihr das wirklich könnt – es geht nicht ohne Übung –, dann habt ihr ein großes Stück Freiheit gewonnen. Ihr könnt dann nämlich Regenbögen bauen. Ruft euch einen Menschen vor das innere Auge, mit dem ihr ein Problem habt. Vergegenwärtigt euch ganz sorgfältig und wahrhaftig die ganze Mischung von negativen und positiven Emotionen, die diese Vorstellung begleiten, ohne etwas zu verdrängen, ohne euch selbst etwas vorzumachen.

Fünfter Schritt: Dann stellt euch vor, ihr wäret das Naturgeisterwesen aus sechs Schülern und einem Meister, und ihr wäret von euren persönlichen Emotionen nicht belastet. Versetzt euch in den rot gekleideten Schüler und sendet jenem Menschen die lichten Gefühle zu, die mit Rot verbunden sind. Dann macht dasselbe mit Orange, Gelb, Grün, Blau und Violett. Ihr lasst also einen wunderschönen, reinen Regenbogen bei euch beginnen und bei dem anderen enden. Dann versetzt euch in den Meister und sendet dem anderen Menschen Weiß zu, d. h. die Summe und Zusammenfassung all der Farben und der sie begleitenden Gefühlswerte. Damit ahmt ihr nach, was Gott tat, als er sprach: »Es werde Licht« – und es ward Licht. Ihr stellt euch in die Tradition des Bündnisses, das er, der große Schöpfer, der Meister aller Meister, mit der Erde geschlossen hat. Ihr umarmt den anderen mit diesem Weiß, kleidet ihn darin ein. Zugleich umhüllt ihr alle Emotionen, die ihr in der Erinnerung hervorgerufen habt, mit diesem lichten Weiß und lasst sie darin verschwinden.

Ihr werdet die Erfahrung machen, dass diese Friedensarbeit eine – im weitesten Sinn des Wortes – magische Heilwirkung auslösen kann, nicht nur bei dem anderen, sondern auch bei euch selbst. Als ihr auf die Welt kamt, habt ihr euch vorgenommen, zum Heil der Welt da zu sein. Dieses Versprechen habt ihr zeitweise außer Acht gelassen. Mit dieser Friedensarbeit tut ihr einen Schritt, es einzulösen. Das wird seine Wirkung auf den anderen nicht verfehlen, aber darum solltet ihr euch nicht weiter kümmern – das lasst seine Sache sein und die der lichten Wesen, die um ihn sind und die ihr Mögliches tun werden, um diese Wirkung zu unterstützen.

Ihr selbst aber werdet auch nicht unbeeinflusst davon bleiben, dass ihr euer Versprechen ernst nehmt, euch von ihm tragen, euch von ihm einhüllen lasst. Das hat eine therapeutische Wirkung auf euch selbst. Es befreit euch von unguten Emotionen wie Ressentiments, Rachegefühlen, dem Nachtragen und dem Nicht-vergessen-Können. Diese Arbeit ist letztlich Liebesarbeit. Wer sie regelmäßig tut, wird mehr und mehr ein Liebender werden.

Was für Gefühlswerte verbinden denn die Alumnen mit den verschiedenen Farben?

Sie hüten die Gefühlswerte einer jeden Farbe mit einer bestimmten Formel, die auch ihr anwenden könnt, wenn ihr einen Regenbogen zu einem anderen Menschen hin baut. Es macht allerdings nur Sinn, sie zu kennen und zu sprechen, wenn ihr es ernst meint und euch mit Gedanken und Emotionen an dieser Formel ausrichtet. Das geht nur, wenn ihr keinen Anstoß daran nehmt, dass die Formel für euer Empfinden sehr pathetisch klingen mag. Wollt ihr sie wirklich kennen lernen?

Ja.

Nun gut. Dann macht folgende

Übung

Der Anfang der Formel ist immer derselbe:
»Ich liebe dich, du …«
»Liebe« meint hier natürlich keine erotische Beziehung; die Formel versetzt euch nicht in Untreue gegenüber eurem Partner. »Liebe« ist als Liebe zum Nächsten schlechthin zu verstehen. Sie kann sich auch auf Häuser, Dörfer, Städte, Länder und die darin lebenden Menschen beziehen oder auch auf Tiere oder Landschaften. Ist euch das Wort »Liebe« zu hoch gegriffen, könnt ihr statt »ich liebe dich« auch sprechen: »Ich sage ›ja‹ zu dir, du …« … Ihr richtet euch also ganz konzentriert an den anderen, bei dem der Regenbogen ankommen soll.

— Bei *Rot* ergänzt ihr: »Ich liebe dich, du mein Leben.« Das bedeutet: Du gehörst zu dem, was mein Leben ausmacht, ich habe dich in meinen Lebenskreis hineingenommen, ohne dich würde darin etwas Wesentliches fehlen.
— Bei *Orange* ergänzt ihr: »Ich liebe dich, du meine Freude.« Das bedeutet entweder: Du bist mir zur Freude, oder bei einem Menschen, der euch eher zum Ärgernis ist: Du bist mir jedenfalls insofern zur Freude, als ich durch dich viel gelernt habe, z. B. etwas ernst oder etwas weniger ernst zu nehmen oder über mich selbst zu lachen.
— Bei *Gelb* ergänzt ihr: »Ich liebe dich, du meine Ordnung.« Das bedeutet: Was immer unsere Beziehung im Guten und im Schlechten ausmacht, es ist in Ordnung, dass wir uns begegnet sind, genau dann, dort und so! Es ist stimmig, es passt zu meinem Schicksal.

- Bei *Grün* ergänzt ihr: »Ich liebe dich, du meine Heilung.« Das bedeutet: Auch wenn wir durch schwierige, schmerzliche Erfahrungen gegangen sind, ich bin dadurch vollständiger und insofern heiler geworden. Ich habe etwas gelernt, erkannt, mir bewusst gemacht, du warst mir in irgendeiner Hinsicht ein nachahmenswertes Vorbild – oder zumindest ein abschreckendes, wenigstens das.
- Bei *Blau* ergänzt ihr: »Ich liebe dich, du meine Zuversicht.« Das bedeutet: Ich habe die Hoffnung, ja die Gewissheit, dass ich mit dir einen kleinen Schritt weiterkomme. Wir sind ja alle ständig unterwegs nach Hause, und wir beide wandern oder wanderten eine kürzere oder längere Strecke gemeinsam.
- Bei *Violett* ergänzt ihr: »Ich liebe dich, du meine Erlösung.« Der Heimweg ist ja letztlich ein Erlösungsweg. Was wir im Guten oder Schlechten miteinander erwandert haben, ist ein Schatz, den ich aus der Außenwelt in meine Innenwelt hereingenommen habe und dort als erlöste Vergangenheit bewahre. Ich kann es hinter mir lassen, ohne es ins Dunkle zu werfen oder zu verdrängen. Ich freue mich mit einem Hauch von Wehmut, dass ich mich durch dich von etwas habe lösen können – vielleicht von Problemen, Sehnsüchten, Begierden, die mich blockiert haben und von denen ich nun erlöst bin.
- Bei *Weiß* sagt ihr zusammenfassend: »Ja, ich liebe dich, Amen.« Das bedeutet: So sei es, oder: Das ist so, das meine ich wirklich ernst und aus ganzem Herzen, das ist jetzt besiegelt. Das Weiß umfasst alle Farben: Sie gewinnen in ihm erhöhte Leuchtkraft und Lebendigkeit.

Wenn ihr diese Übung macht, macht ihr euch die Alumnen, die Hüter des Regenbogens, zu Freunden. Damit tut ihr euch selbst etwas Gutes. Denn sie sind überaus wirksam. Und sie sind sehr menschenfreundlich und dankbar, wenn man mit ihnen zusammenarbeitet. Ihr werdet erleben: Eure spirituelle Arbeit wird euch dann leichter fallen. Und ihr werdet mit einem großen Glücksgefühl und mit neuen Kräften beschenkt werden.

NEALE DONALD WALSCH
Gespräche mit Gott – Meditationen
Das Meditationsbuch zum Bestseller
KAILASH

Erweiterung der Chakrenlehre

Almut Klöpfer

Das 8. Chakra

Die Verbindung zum Höheren Selbst

192 Seiten, Pappband

ISBN 978-3-7205-6001-6

Die sieben inneren Chakren des Menschen sind seit langem bekannt. Wie eine Perlenschnur durchziehen die Energiezentren den Körper. Ein tieferer Blick in die energetischen Gesetze des Lebens führt jedoch über den Raum des Körpers hinaus: Zum ersten Mal liegt nun ein deutschsprachiges Buch über das 8. Chakra vor. Als Expertin für Energiearbeit zeigt Almut Klöpfer, welches Entwicklungspotenzial in den mentalen, emotionalen und spirituellen Aspekten dieses transpersonalen Energiezentrums verborgen liegen.

KAILASH